装备维修保障体系能力评估

陶帅 著

国防工业出版社

·北京·

内容简介

本书旨在比较全面、系统地介绍装备维修保障体系能力评估的主要流程、方法和发展方向，分为基于系统论的装备维修保障系统、维修保障体系能力评估、计算机仿真方法三个方面论述。基于系统论的装备维修保障系统部分主要论述装备维修保障体系能力评估相关概念、评估内容和方法、评估流程和系统论视角下的装备维修保障体系；维修保障体系能力评估部分主要介绍了维修保障能力指标体系设计、评估模型构建和评估方案设计等内容；计算机仿真方法部分主要介绍了当前和将来可以应用于装备维修保障体系能力评估的计算机仿真方法：离散事件系统仿真、Agent 对象仿真和先进分布式仿真。

本书可作为从事装备维修保障和装备维修保障能力评估相关专业人员的参考书，也可供有关工程技术人员自学和参考。

图书在版编目（CIP）数据

装备维修保障体系能力评估/陶帅著．—北京：国防工业出版社，2018. 10

ISBN 978-7-118-11669-4

Ⅰ．①装… Ⅱ．①陶… Ⅲ．①武器装备—维修—军需保障—评估—研究 Ⅳ．①E237

中国版本图书馆 CIP 数据核字(2018)第 235430 号

※

国防工业出版社出版发行

（北京市海淀区紫竹院南路 23 号 邮政编码 100048）

三河市腾飞印务有限公司印刷

新华书店经售

*

开本 710×1000 1/16 **印张** 10½ **字数** 192 千字

2018 年 10 月第 1 版第 1 次印刷 **印数** 1—2000 册 **定价** 68.00 元

国防书店：(010)88540777　　发行邮购：(010)88540776

发行传真：(010)88540755　　发行业务：(010)88540717

PREFACE 前言

现代战争在以信息技术为代表的高新技术的引领下,呈现虚实交错、复杂多变的特征。这种特征导致在制胜机理上,除了人这一重要因素外,科学技术及武器装备在战争制胜因素中的重要性逐渐增大。随着科学技术,特别是颠覆性技术的发展,武器装备呈现出结构复杂、一体化、综合化、网络化的发展趋势。对武器装备系统建设的各个方面、全寿命管理的各个环节,都提出了更高的要求。装备维修作为保持和恢复信息化武器装备体系效能的重要环节,已经成为影响现代战争胜负的重要因素,给装备维修能力建设提出了极高的要求。

装备维修保障体系能力评估是指挥决策的重要依据,并在装备维修能力建设过程中起着引导建设方向的作用。它是随着武器装备和战争而产生、形成和发展的。第二次世界大战后,装备维修保障能力评估的内容、方法发生了一系列变化,产生了许多评估手段和评估方法,并向体系评价方向发展,为装备维修能力适应装备发展、提升装备作战效能提供了有力支撑。但是,目前在装备维修评估领域的研究集中在评估理论方法方面,对于评估全过程的分析研究较少,缺乏针对装备维修保障体系能力评估的专著。有必要在各种评估方法的基础上,系统地编写一本装备维修保障体系能力评估全过程分析方法的书籍,以便对装备维修保障体系能力评估方法进行系统的总结。

全书分为9章。第一章介绍了装备维修保障体系能力评估的概念,综述能力评估的发展历程,分析了装备维修体系能力评估的主要内容、方法和原则,明确了装备维修体系能力评估的基本流程。第二章针对装备维修过程系统,从构成要素、过程自身、影响因素三个方面,对装备维修力量、装备维修过程和装备维修过程的影响因素进行了描述。第三章从技术故障和作战损伤两个方面,预计、统计装备维修保障任务,作为装备维修能力评估的基础输入数据来源。第四章通过分析装备维修能力评估的特点,指出指标体系设计过程和方法。第五章按照维修流程、环节,将装备维修保障能力系统分为维修器材保障、运输投送、维修作业三个分系统,分别进行模型构建。第六章结合指标综合方法和装备维修保障过程，对装备维修保障能力进行整体系统建模。第七章对通过建模得出的评估结果进行分析、组合和验证。第八章针对如何产生、利用评估结果问题，从评估方案设计和灵敏度分析两个方面进行研究，分析影响能力的主要因素。第九章则根据装备维修能力评估的发展趋势，简要介绍了计算机维修能力评估方法。

由于装备维修保障能力评估方法涉及领域广泛，发展又非常迅速，加之本人的水平有限，书中许多观点是个人总结，难免会有一些值得进一步研究和探讨的问题。书中不妥之处，敬请广大读者指正。

作　者

2018 年 6 月

CONTENTS | 目录

第一章 绪 论

科学的评估是做出正确决策的重要方法之一。装备维修保障能力评估的目的是为装备保障指挥机构提供重要的决策支持,使之能够及时准确地掌握装备维修保障现状,预测维修保障力量对作战部队的保障程度,并对装备维修保障可能出现的薄弱环节有一个总体上的认识和把握,为作战、保障方案的制定和优化提供重要的参考依据。

第一节 装备维修保障体系能力评估概念

科学准确地定义装备维修保障(以下简称装备维修)体系能力,是首要解决的问题。它对于全面正确地认识和研究联合战役装备维修保障具有重要的影响和作用。根据不同的研究目的和应用,不同的研究主体会对同一研究对象赋予不同的内涵。与联合战役装备维修保障能力评估相关的概念有装备维修保障、装备维修保障体系、维修保障能力评估。

一、装备维修保障

装备维修保障是为保持、恢复装备规定技术状态而采取的各项保障性措施及相应活动的统称。国内对装备维修保障也称为“军事装备技术保障”“装备技术保障”。在国外,有的还称为“军事装备技术支援”“军事装备器材维修”“军事装备工程保障”。

对军事装备维修保障概念的界定,是对军事装备维修保障实践进行本质的理性概括。其概念在发展中逐渐得到完善,并在变化中体现出对装备维修保障认知的深化。1997 年出版的《中国军事百科全书》,对军事装备技术保障的释义是:“为使军事装备性能完好所采取的技术措施。”1998 年出版的《军事辞海》,对军事装备技术保障的释义是:“为保障军事装备完好所采取的技术措施。”2007 年出版的《中国军事百科全书》,对军事装备维修保障的释义是:“为保持、恢复装备良好技术状态而采取的各项保障性措施及相应活动的统称。”2006 年出版的《军事装备技术保障学》将军事装备技术保障(维修保障)定义为:“为保持、恢复军事装备完好技术状态和改善、提高军事装备性能,以便遂行作战、训练、执勤和其他任务而采取的技术性措施及组织实施的相应活动的统称。”2011 年《军语》对装备维修保障的定义修订为:“为保持、恢复装备良好技术状态或改善装备性能而进行维护修理的活动。”国外对军事装备技术保障概念的界定比较有代表性的是《苏联军事百科全书》后勤条目选编(中国人民解放军总后勤部 1982 年版),其对军事装备技术保障的界定是:“为使军事技术装备保持随时可以起用的技术完好状态,而组织和实施的对军事技术装备的正确使用、保养和修理;军队战斗力行动保障的一种。”

装备维修保障的定义经历了从“技术措施”到“活动”,从“保持、恢复装备良好技术状态”到“保持、恢复军事装备完好技术状态和改善、提高军事装备性能”的变化,体现出对装备维修保障的认识经历了从静态到动态的变化过程,以及对维修任务的拓展。但针对联合战役装备维修保障而言,战时的装备维修保障需求和力量现状的突出矛盾是一个无法回避的现实问题,装备维修保障在联合战役实施过程中的首要任务是保持、恢复装备良好技术状态,尽可能多地使故障、损耗装备投入使用,满足作战任务需求。因此,针对联合战役装备维修保障而言,参照 2007 年出版《中国军事百科全书》的定义,以“规定技术状态”代替“良好技术状态”是比较适宜。

二、装备维修保障体系

体系泛指一定范围内或同类的事物按照一定的秩序和内部联系组合而成的整体,是不同系统组成的系统。自然界的体系遵循自然的法则,而人类社会的体系较为复杂。影响体系的因素除了客观物质规律外,还有人的不确定性发展,从而构成复杂性系统。

体系的基本概念可以认为是:若干有关事物或某些意识相互联系的系统而构成的一个有特定功能的有机整体,如思想体系、作战体系等。从宏观上讲,宇宙是一个体系,各个星系是分系统;社会是一个体系,不同人群是分系统。从小处说,人是一个体系,各个器官是分系统。同时,每个大的体系中包含有很多小的体系,小体系里包含大量的更小体系,而众多的小体系构成了大体系和总体系。

装备维修保障体系则可以认为是由装备维修保障指挥、装备维修器材保障、装备维修器材运输投送、装备维修作业等分系统构成的一个体系。其中装备维修保障指挥是装备维修保障体系中的隐形系统,其功能的体现要通过装备维修器材保障、装备维修器材运输投送和装备维修作业效果来体现。同时,由于装备维修保障指挥的主体是人,其也是装备维修保障体系能力构成要素中最复杂的因素。在建模和仿真领域,为了建模的方便,往往将其对装备维修保障体系的作用转换为相应的影响因子,附加到装备维修器材保障、装备维修器材运输投送和装备维修作业等能力之中。即用装备维修器材保障、装备维修器材运输投送和装备维修作业三个分系统来近似等价装备维修保障能力体系。

三、维修保障能力评估

维修保障能力评估,是对装备维修保障系统遂行装备维修保障任务能力的评价和估算,是反映和评价装备维修保障能力及其运用的尺度与标准。

能力是完成一项目标或者任务所体现出来的素质,其在不同活动中表现出来的能力是不同的。狭义的能力是指顺利完成某一活动所必需的主观条件,是直接影响活动效率,并使活动顺利完成的个性心理特征。对维修保障能力而言,狭义的能力由数量、质量和组成结构等因素构成。其中数量概念是产生保障能力的前提组成;质量是构成其保障能力的核心,由保障系统本身的各项性能参数决定,既包括维修保障装备的先进性和可靠性指标,也包括保障人员的技术水平;结构是基础,是综合考虑保障需求等因素所确定的有关保障资源(包括人员、物质、体制和信息)的排列组合方式。由于能力的体现总是和实践相联系在一起的,离开了具体实践不仅不能表现出能力,也不能发展能力。所以,广义的能力包含达成目的所具备的条件和水平。对维修保障而言,广义的维修保障能力是在综合考虑外界约束和条件的基础上提出的概念。其指导作用不仅体现在装备维修保障机构的自身能力,还考虑了保障部署、指挥等其他诸多因素,由战斗力来产生评估装备保障的标准。即能保障较多部队形成战斗力的装备保障系统才具有较大保障能力;能较大程度地保障部队,或者说能使同一部队形成较大战斗力的装备保障系统才具有较大的保障能力;能较长时间地有效保障部队使之持续保持战斗力的装备保障系统才具有较大的保障能力。

评估是指评价、估量、测算。一般而言,评估是评价与估算的统称。评价是对特定系统的关系、结构等方面的合理性提供信息,而估算是对特定系统的有关数量指标提供信息。评估是评估主体通过定性、定量方法对系统状况的好坏提供综合与单项信息的过程。同样,装备保障能力评估的内容也包括评价和估算两个方面。维修保障能力评价,是对装备维修保障系统结构进行的综合分析。评价内容包含装备保障能力各要素的水平、结构和关系的合理性,具体包括:装备保障能力的各要素自身的数量与质量,各要素之间结构的合理程度,装备保障能力与保障对象关系的合理程度，如装备保障能力满足军队作战或特定军事行动要求的程度。维修保障能力估算，是对装备维修保障系统要素进行的有关数量估计、计算，其内容主要包括根据特定要求计算某一装备保障组织或部队的装备保障能力的大小。

装备保障能力评估是在装备保障理论指导下，运用多种评估技术对装备保障指挥、机构设置、资源运用等一系列活动进行分析评价、对保障任务需求和保障结果进行量化估算的过程。科学组织实施装备保障能力评估，对于推进信息化装备维修保障建设发展具有重要意义。

四、装备维修保障体系能力评估

装备维修保障体系能力评估，是“装备维修保障体系”与“能力评估”的复合概念，即以装备维修保障体系为对象进行的能力评估。它是装备保障的重要组成部分。据上述有关定义的分析与推断，则装备维修保障体系能力评估可定义为：组织和运用装备维修保障力量和保障资源，保持、恢复参战各军种装备性能处于规定技术状态能力的评价和估算。

装备维修保障体系能力评估主要包括装备维修保障能力指标体系设计、装备维修保障能力指标综合、装备维修保障能力系统建模、装备维修保障能力评估结果综合和装备维修保障能力评估方案设计和验证五部分。其中，装备维修保障能力系统建模包含分系统建模和整体系统（体系）建模。同时，装备维修保障能力评估的基础是装备维修保障任务的预计。

第二节　体系能力评估历程

装备维修保障体系能力评估，既是装备保障活动的主要组成部分，又是联合作战的重要组成部分。它是随着科学技术、武器装备和联合战役而产生、形成和发展的。研究装备维修保障体系能力评估的发展历程，主要是分析和认识其发展规律，揭示和把握其未来的发展趋势。装备维修保障体系能力评估属于评估的范畴，其发展历程与运筹学的发展历程密切相关。

一、第一次世界大战至第二次世界大战结束

第一次世界大战至第二次世界大战结束，是军事运筹学和维修保障评估的萌芽时期。战争条件和新式武器装备的出现推动一些自然科学工作者直接参与研究

与新式武器装备使用有关的作战问题。其主要方法论是概率论和运筹学,包括规划论、排队论、网络与图论、随机试验统计法等。

1914 年,英国汽车工程师兰彻斯特建立了战斗损耗方程——兰彻斯特方程,第一次应用微分方程分析数量优势与胜负的关系,定量地论证了集中兵力原则的正确性。1935 年到 1938 年期间,英国为研究新研制成功的雷达系统的作战使用方法,组织专门的研究机构。他们的工作成果对英国在第二次世界大战期间的防空体制建立有很大作用。1938 年,当时任英国作战研究部主任的罗威把科学家们的这些工作称为 Operational Research,即运筹学。这是运筹学作为这一学科命名的最早起源。

由于运筹工作的成效,从 1940 年起,在英国、美国、加拿大等国军队中先后成立了若干个专门的运筹学小组,许多优秀的自然科学家,如诺贝尔奖获得者英国物理学家布莱凯特(P·M·S·Blackett)和美国物理学家肖克列依(W·Shockley)等都应邀参加运筹小组的工作。布莱凯特领导的运筹小组由于包括各方面的专家而被称为“布莱凯特马戏团”。到战争结束时,美、英两国从事军事运筹工作的科学技术人员,即使保守地估计也远远不止 700 名。他们运用自然科学的方法评估空军和海军的战斗行动效能,提供一系列有关战术革新和战术计划的建议,为取得战争胜利做出了重要贡献。例如,他们通过评估提出商船安装高炮的合理性,使商船损失率由 25%降到 15%;提出以平均飞机出动架次作为维修系统的效能准则,使飞机出动架次几乎增加 1 倍,显著提高了有限数目飞机对商船的护航能力等。这一时期效能评估的特点是:研究集中在短期、战术性作战急需的问题上;使用实战统计数据;结果直接提供给作战指挥人员并可立即得到实践检验等。

二、战后到 20 世纪 60 年代中期

战后到 20 世纪 60 年代中期,是军事效能评估的发展时期,也是军事运筹学的发展时期。在这一时期,军事效能评估理论和研究内容得到了丰富和发展,研究范围和方向发生了重要变化。

在前人工作的基础上,1951 年,美国物理学家莫尔斯和金博尔公开出版《运筹学方法》一书,系统地介绍了战争期间军事运筹工作的研究成果,是军事运筹学的第一本奠基性著作。1947 年,美国数学家丹契克为解决空军军事计划问题而提出求解一般线性规划问题的单纯形法。1956 年,美国数学家贝尔曼提出动态规划理论等。同时,规划论、排队论、库存和生产的数学理论、网络技术等一系列分支都在这一时期奠定了基础。

美军十分重视作战能力和保障能力评估建模的研究,将“建模与仿真”作为验

证作战概念、评估作战能力及保障能力的重要途径,建立了"建模与仿真"管理体制。英国、美国相继于 1948 年和 1952 年成立了运筹学会。1959 年成立了国际运筹学会联合会,军事运筹学逐渐成为一个新的学科。同时,效能评估的应用重点从"战术"问题转向"规划"问题,包括选择和设计未来战争的武器系统、论证合理的兵力结构、制订国防规划等。例如,早期评估分析的一个重要应用是研究盟国驱逐舰对德国潜艇的最佳搜索方式;但在战后的分析中,分析者不仅要考虑潜艇对自己船只的威胁,还要考虑它们对城市和基地的威胁。为了寻求对付这种威胁的途径,分析者必须对尚未生产甚至尚未研制的新型探测和截击设备进行评估。此外,经济因素变得越来越重要,由于不能用战争检验效能,注意的中心就逐步转移到费用方面,由此,导致效费分析理论的发展。以致 20 世纪 60 年代初美国国防部长麦克纳马拉在兰德公司帮助下,在国防经费预算分配中建立了以效费分析为基础的规划计划预算管理体制。

三、20 世纪 60 年代末到 80 年代

20 世纪 60 年代末到 80 年代,由于系统工程的发展,其方法论逐步形成了从军事运筹学到军事系统工程的方法论体系,蒙特卡洛方法、随机格斗理论、作战模拟(又称战争博弈)、风险分析(GERT)、网络分析(VERT)等蓬勃发展。同时为了定量分析的需要,发展了一系列基于定性分析的定量分析方法,如德尔菲法、层次分析法、战史统计法及指数法等。因此,对抗条件下武器装备作战效能的分析,使军事运筹的方法论体系得到了很大的扩展和完善,其中由于信息技术和计算机的飞速发展,作战模拟受到特别的关注和发展。

第二次世界大战后,美国空军的"运筹学小组"后来发展成为兰德公司,设有"系统分析部",开展作战能力和保障能力评估研究,为美国国防政策提供辅助决策服务。20 世纪 60 年代,美国国防部发布文件规定:"新武器装备研究没有效能指标,不予立项",并在武器论证和研制中陆续开展了系统效能的研究工作,先后提出了许多系统效能评估模型,如 AIRNC 系统效能模型、空军的系统效能模型、海军的系统效能模型和陆军的系统效能模型等。其中空军的系统效能模型最具代表性,其基本思想是将系统效能认为是系统可用性、可信性和系统的函数。这种思想已被推广到陆军武器和导弹等军事领域,并在国际上得到普遍认可和广泛应用。美国空军在 20 世纪 70 年代就 B-1 飞机方案建立了 B-1 飞机系统权衡模型,对飞机系统的可靠性、维护性、生存力、作战效能、费用等各因素之间做出权衡折中分析,并据以选择最佳系统设计方案。苏联也早在 20 世纪 60 年代以后,研究工作逐步加强,内容主要包括效能指标选择原则、效能评价内容与方法、武器不同发展阶

段的效能计算等，主要采用概率统计等方法评估炮兵武器、防空武器等武器装备的效能；70年代以后也开展了导弹武器系统效能方面的研究工作。虽然，美国和苏联国家在系统效能研究方面是进行得比较早的国家之一，但研究和应用得多的方面还是在武器系统方面，如美国《陆军武器系统分析》就是美国陆军自第二次世界大战后对武器系统分析研究成果的总结，但是在装备保障方面的应用还不是很普遍。20世纪50年代以前，装备研制过程中对保障问题的考虑，采用先研制主装备后考虑保障方案和保障资源研制的序贯式做法。在装备尚不十分复杂的情况下，这种研制方式所暴露出的问题不很突出。随着装备的系统发展和技术水平的提高，装备的质量和保障系统对装备使用效能具有至关重要的作用，必须在装备研制过程中同时给予考虑。美军于20世纪60年代开始进行装备保障方面的综合评估工作。

四、20世纪90年代至今

20世纪90年代初开始，由于高技术战争的特点，体系对抗和陆、海、空联合作战已经成为现代战争的主要方式，武器装备体系建设就成为武器装备建设的焦点，体系效能评估也就成为体系建设中必须解决的问题，基于体系效能的能力评估也随之成为研究的焦点。从90年代以来的发展来看，能力评估方法的发展，主要有两条线：一是基于分布交互网络的建模与仿真；二是综合集成研讨厅。前者主要是目前国外正在大力发展的，后者是在80年代末，由钱学森提出并倡导的，研究武器装备体系建设等复杂问题的论证及决策的重要方法。这种方法不仅包含了分布交互建模与仿真的主要思路和技术途径，而且强调了战术与技术的结合、理论与经验的结合、定性与定量的结合。

在建模与仿真研究与应用领域，从研究内容来看，经历了开展建模研究、开发仿真系统、建设仿真实验室三个发展里程碑：一是开展建模研究，建立具有单项分析功能的模型或软件，如射击效率评估模型、侦察效率评估模型、弹道仿真软件、防空兵战斗效率评估模型等，在这方面很早就有大量而深入的研究，取得了一批重要成果，得到了大量的应用。二是开发仿真系统，以适应装备发展论证的新要求，这也与计算机技术发展的推动是分不开的。在装备发展论证中，对抗仿真，不仅需要有单项分析功能的模型，还必须将这些模型集成为仿真系统。例如，开发一个防空作战单元的仿真系统，就需要机动模型、侦察模型、射击模型、弹道模型等的集成，需要多个领域的专业人员协作，共同完成一定的分析论证任务。三是建设仿真实验室。早在海湾战争中，由于作战行动的需求和高新技术的大发展，美国陆军就萌发了寻求一种不同于传统方法的新途径，来加速高新技术向武器装备系统中应用的转化过程，以更加节省经费的办法来确定新的军事需求和获取新的武器系统，以创新思维来试验与评估新的作战概念和新的作战理论。根据这种设想与近期局部战争特别是海湾战争的教训,美国陆军于 1991 年 5 月启动了作战实验室计划,后来又扩展到空军与海军,提出新思想、新概念的创新实验环境。仿真实验室是一个仿真体系,能承担多种分析论证任务,能支持多个仿真系统的开发与运行。打破了仿真系统只能评价一类方案、验证一种方案,不能生成综合各个仿真系统的整体方案、产生整体的、综合的新思想的局限,能够通过仿真实验室产生总体的综合的新方案、进行系统全面的研究,为规划、计划等重大决策提供支持。

进入 21 世纪以来,我军部队深入开展的"两成两力"建设、"科学化管装"活动,都对装备保障能力的评估提出了更高的要求,因此,军内很多学者提出了一系列系统综合评价的理论与方法,应用于装备维修保障的系统综合评价,促使装备维修保障能力体系优化设计工作更为系统规范,更加科学合理,也为装备运筹学理论体系的完善奠定了基础。为适应未来高技术条件下军事活动复杂多变的决策需要,效能评估的发展将进一步和电子计算机技术、人工智能及系统科学等现代科学技术结合,提高对复杂军事问题进行形式化描述的能力,研究充分利用人的经验与直觉判断,解决非结构不确定性决策问题的理论方法,更广泛地应用于军事活动各个领域。

第三节　装备维修效能评估内容和方法

装备维修保障能力评估是指挥决策的重要依据。第二次世界大战后,装备维修保障能力评估的内容、方法发生了一系列变化,并已成为装备综合保障的重要组成部分。

一、评估内容

当前,我军在装备保障能力评估建模研究中,涉及的内容,既是军委机关所关心的,也是部队所急需的,有的也是外军所关注的问题,归纳起来主要有以下几个方面:

(1) 装备领域辅助决策的建模理论研究。目前求解大规模决策优化问题,国际上通用的运筹学算法理论,仍然是美国人丹茨格首创的"单纯形"算法。这一算法对于一般的经济规划问题是有效的,而对于装备保障资源有界且动态变化的情况,运算工作量会大大增加,影响装备保障能力评估建模求解的速度和精确度,必须在算法理论上加以创新。

(2) 装备损耗量预测问题。现代战争中武器装备损坏率高,弹药、器材消耗量大，提前做好装备损耗量预测十分重要。美军在海湾战争中，运往海湾的40000多个集装箱，战争结束时还有8000多个没有打开，除了信息标志不清以外，损耗量预测不准是最大的原因，这也被称为“战争迷雾”之一。国内从事预测研究常用的方法有20多种，学术界推崇的“系统动力学方法”和“模糊数学方法”需要大量的数据和参数，这些数据和参数，经济部门可以通过统计和调研得到，这些方法对于经济领域比较实用。由于我军史料中，关于装备损耗的数据“极度稀疏”，国外的相关数据又很难收集到，这就为预测“战时装备损耗量”带来了本质困难，迫切需要探索新的预测方法。

(3) 部队装备保障能力评估问题。为确保重大军事行动的顺利完成，必须对承担任务的部队装备保障能力进行评估，如何评估部队装备保障能力，国内还没有可供借鉴的成果。目前，我军常用的方法是层次分析法。这种方法对于评估静态能力是可行的，对于评估动态能力可信度不高，针对不同作战样式和不同任务部队的装备保障能力综合评估，还处在不断探索之中。

二、评估方法

装备维修能力评估的方式，按照维修能力表现方式，可以分为通过实际作业过程进行的评估，以及不通过实际作业过程进行的评估。第一类包含实战(演习)评估、试验评估、实兵演练评估等；第二类包含建模与仿真评估方法等。由于基于通过实际作业过程的评估耗资较大、时间较长，为维修能力评估而专业设计相应实际作业的效益有待考证。同时，虽然在评估过程中实际使用武器装备，评估结果比较接近装备的实际作战效能，具有较高的可信度。然而，试验、演习和实战过程中存在着大量的随机现象，使所获取的数据具有随机性，必须采用数理统计等科学方法对数据进行处理，才能得到比较可靠的表征装备作战效能的各项指标值。

在维修能力评估方面，建模与仿真的方法克服了实战、武器装备试验和实兵演习的缺点，无须实际使用装备，通过建立被评估单位的维修能力模型，可以对其在各种不同作战环境条件下的作战效能进行反复计算和评估，具有经济、简便、灵活、通用等特点，因而成为非实战条件下评估装备维修能力最常用和最主要的方法。装备保障效能分析的建模和仿真方法多种多样，归纳起来可以分为解析法、统计法和作战仿真(模拟)法三类。选择哪种方法主要取决于效能参数特性、给定条件及评估目的和精度要求。有时可能是几种方法的结合使用。

(一) 统计法

统计法是依照实战、演习、试验获得的大量统计资料和仿真数据为基础，辅助研究人员面向决策层关心的应用问题完成相关数据统计、分析、抽取及表现功能。其前提是所获得的统计数据的随机特性可以清楚地用模型表示并相应地加以利用。

统计法的特点是应用数理统计方法，依据实战、演习、试验获得的大量统计资料评估装备保障效能。统计方法应用的前提是所获统计数据的随机特性可以清楚地用模型表示并加以利用。常用的统计评估方法有抽样调查、参数估计、假设检验、回归分析和相关分析等。统计法不但能给出效能指标的评估值，还能显示保障系统性能、作战规则等因素对效能指标的影响，从而为改进保障系统性能和作战使用规则提供定量分析基础，其结果比较准确，但需要有大量试验的物质基础，而且耗费太大，需要时间长。对许多保障系统来说，统计法是评估其保障能力效能参数特别是毁伤效能的基本方法。此外，统计法也广泛应用于实际的作战运筹研究中。

（二）解析法

解析法是将效能的单项指标表述成基础指标的解析公式，获取总体指标表述成单项指标与基础指标的解析公式，然后对这些公式进行数值求解，得出效能指标值的方法。优点是公式透明性好，便于应用。缺点是考虑的因素少，比较适用于不考虑对抗条件下的系统效能评估和简化条件下的宏观作战效能评估。解析法的计算模型很多，典型的是系统效能模型。

系统效能模型本质上是对与系统及其使用有关的目标和资源之间的关系所做的数学描述、逻辑描述或实物描述。因此，系统效能模型是系统及其使用方式与目标间的关系，其模型一般取数学方程形式（解析模型），或者用计算机程序模拟系统的运行情况（模拟模型或蒙特卡洛模型），或者同时取上述两种形式。

该模型将输入参数可靠性、维修性及系统构形评价综合为可用性 $\boldsymbol{A}$，可信性 $\boldsymbol{D}$ 及能力 $\boldsymbol{C}$。效能 $\boldsymbol{E}$ 为

$$\boldsymbol{E}=\boldsymbol{ADC} \tag{1-1}$$

式中：可用性 $\boldsymbol{A}$ 表示在任务开始时系统状态的度量，如可靠性、维修性、人的因素、后勤和其他；可信性 $\boldsymbol{D}$ 表示在完成任务过程中系统状态的度量，如可修复性、安全性、适应性、耐久性等；能力 $\boldsymbol{C}$ 表示任务结果的度量，如射程、精度、威力、杀伤力等。

该模型中认为可用性 $\boldsymbol{A}$ 为向量，可信性 $\boldsymbol{D}$ 为矩阵，能力 $\boldsymbol{C}$ 为向量，且均与系统的状态有关，所以在利用该模型之前，必须首先确定系统所具有的全部状态，然后计算。系统开始执行任务时处于各状态的概率，即可用性向量；系统以开始时的状态开始执行任务，在任务结束后处于各状态的概率，即可信性矩阵。各状态及状态转移所能完成任务的情况，可以是完成任务的概率或所能完成的任务量。

（三）作战仿真（模拟）法

作战仿真（模拟）法，由仿真试验得到关于作战进程和结果的数据，可直接或通过统计处理后给出效能指标估计值。

作战仿真（模拟）法能较详细地考虑影响实际作战过程的诸因素，因而特别适合于进行装备保障系统效能或作战保障方案的作战保障效能指标的预测评估。作战仿真（模拟）对装备保障系统作战保障效能的评估具有不可替代的重要作用。装备保障系统的作战保障效能评估要求考虑对抗条件和交战对象，考虑各种保障要素的协同作用、保障系统的作战效能的诸属性在作战全过程中的体现以及在不同规模作战中效能的差别。总之，装备保障系统的作战保障效能只有在特定条件下，以具体作战环境和特定保障编成为背景才能有效评价。作战仿真（模拟）恰是除实战以外提供这种条件和背景的基本手段。

美国空军后勤司令部和兰德公司联合开发了 LCOM 保障仿真系统，用于仿真空军保障基地对飞行大队的保障能力。随着需求和技术的推动，该系统目前可以支持多种类型的航空作战单元，分析维修策略、备件数量等的变化对于保障能力的影响。随着仿真规模需求的增大，美军装备维修保障仿真逐渐由单机仿真发展为分布交互式仿真技术 DIS，基于该技术构建了典型作战仿真系统 WARSIM 2000，其中的保障模块包含保障系统各层级的维修保障、运输保障等多种保障仿真功能。在作战仿真和保障仿真系统集成互联需求的推动下，分布式交互仿真技术从 DIS 发展为高层体系结构（HLA），HLA 能够很好地提高仿真模型间的互操作性和重用性，在作战仿真领域占有重要地位。基于 HLA 技术，美国开发了许多典型的保障仿真系统。WLTAE 仿真系统将作战和保障进行联合仿真的综合仿真平台，其首次将空战作战模型 THUNDER 和战区后勤保障仿真模型 ELIST 互联共同组成平台，其为建立“端对端”的聚焦后勤平台奠定了基础。LOGSIM 保障仿真系统是由美国 SPARTA 公司基于 HLA 技术设计开发，实现了对美军现役所有机型的维修保障活动模拟。

除美军外，瑞典系统与后勤工程公司设计并开发了 OPUS10 保障仿真系统，能够对备件库存、维修策略等问题进行权衡分析，但未开发装备执行作战任务的能力模块。该公司还开发了 SIMLOX 保障仿真系统，通过模拟故障装备维修、备件保障等活动，分析使用阶段的装备维修保障仿真评价问题。TNO-FEL 公司和荷兰空军合作开发了 SALOMO 后勤保障仿真系统，针对平时飞机的使用维修保障活动，通过设定不同的仿真参数，模拟飞机使用与维修过程，使决策人员能够分析、观察各种保障要素、维修策略如何影响飞机保障能力。此外，还可以根据维修策略、维修人员数量等的影响，评价飞机的不能执行任务率等。

第四节　装备维修效能评估原则

以系统论、信息论、控制论为代表的现代科学方法论已越来越深入到评估和决策领域，它给人们指出了一条全面地、动态地、定量地、辩证地认识问题、思考问题和分析问题的崭新途径。进行装备维修能力评估首先要正确认识能力评估，并按照一定的原则开展评估工作，才能起到辅助决策的作用。

一、系统综合分析原则

维修保障能力一般都由大量既相互独立又相互依存、相互制约、不同层次的要素所组成，是多分系统、多要素的复合体。一是各组成部分的效能水平都在一定程度上影响着系统整体效能，而且其效能的发挥也受多种环境因素的影响，无法也没有必要对其每一种环境下的各个具体组成部分的效能水平都进行准确地测量和评价，因此其效能分析过程需要运用适当的方法对规定的条件下的维修能力整体效能水平进行综合测度。二是虽然维修保障能力的内部要素和相互关系比较复杂，但对其中的某个分系统而言，无论间接因素还是渗透因素都通过一定特定的形式显式表示出来。即通过系统的观点对维修保障能力的分系统进行研究，可以比较直观、相对简单地对维修能力进行评估。

二、体系评估原则

现代战争在以信息技术为代表的高新技术的穿针引线下呈现很强的体系化、虚实交错、复杂多变的特征。如果将维修过程的各个环节视为独立要素进行考虑，则会由于各要素间的相互影响、相互约束，导致能力评估过程变得十分复杂。而通过系统的概念，可以将装备维修过程的储备、供应、管理、修理等勤务视为一个维修系统，尽管维修系统的输入和影响因素多样，但系统输出一般是显式的，便于评估的。同时，21 世纪初，我军根据装备发展规律和现代战争需要提出的装备和保障体系发展需求，也是对装备维修提出的要求。即要求装备维修需要着眼装备体系结构，对装备体系贡献率较大的环节进行重点维护修理，确保作战系统完成某预定的作战使命任务。基于此，维修能力评估需要紧抓装备体系核心环节，着眼装备体系结构开展装备维修和装备维修能力评估工作，以维修体系建设的思维构建维修能力评价指标。

三、效果与效率原则

早期的评估，一般强调提高效率，而现代管理决策理论则认为评估重点必须放在效果方面，因为只有效果才是反映行动是否达到目标或背离目标的程度，而效率则不然。如某工人生产一种零件，虽然他的加工效率很高，但整个产品是由多个零件组成，别的零件不提高效率，单一人生产的零件提高效率，对产品总的效率并不能提高；又如某人开汽车效率很高，每小时行 80km，但假如走错了方向，则效率越高反而离目标越远了。有人到日本丰田汽车公司参观，看到一些设备闲置，认为开工不足设备利用效率不高，可是厂方解释说，因为市场不需要那么多，生产多了反而卖不出去，形成积压浪费，会减少利润，这里利润才是他们追求的真正效果，而设备利用效率只是手段，不是目的。对于装备维修保障而言，维修作业能力的评估重点可以是效率，但维修保障体系能力必须以作战保障效果为评价的最终准则，这是装备维修保障的作战使命决定的。

四、目标准则

在进行任何一项决策之前，必须弄清楚决策的目标和衡量达到这个目标的价值准则（指标），否则决策的好坏程度无法评价，决策进行的过程中也无法协调控制。一是装备维修能力评估目的存在相对性。维修能力评估不是为了追求评估值的绝对值，而是为了通过能力评估获得相同条件下的不同单位之间效能的相对可比性，进而决定维修方案的优劣取舍，从而优化维修保障方案。二是体现能力的指标存在差异性。由于对同一评价对象，由于评价角度的不同，评价指标也不相同，甚至出现指标相互冲突的情况。如经济性指标要求缩小维修资源储备规模，但现代战争维修资源高消耗的特点使维修保障达到预定作战目的需要更多的资源储备。因此，对于维修能力的评估，首要的是确定评估的约束，并在约束下明确评估目标，才能使评估结果可用。

五、可行性准则

可行性准则是复杂系统评估的一个重要原则。诺贝尔奖获得者管理学家赫伯特·西蒙认为最优或最佳的概念只有在纯数学和抽象的概念中存在，而在社会的现实生活中是不存在的，现实生活中大量存在的是可行的、满意的或合理的求解。他认为：由于人们看问题的角度不同，对优劣的评价标准是很不相同的；由于找到最优最佳有时是很难的，甚至是不可能的。他在天津大学讲学时举了两个例子：一个是有人肚子饿了，走进大片玉米地想摘个玉米棒吃，他如果抱着必须要找到最大的玉米棒才吃，结果可能到饿死时还未能找到；另一个是通常妇女缝衣裳，谁也不会提出要找一枚最尖的针来缝，事实上只要针能容易地穿过去，无须找一根最尖的针。因此，他得出结论，在经济分析上也不必追求最高利润，投资者只要达到合理的满意的利润就可以了。在维修保障过程中，对于维修方案的选择和维修能力的评价，并没有标准的答案，只要评估指标能够体现维修单位辅助支持作战系统完成作战使命的程度，考虑重要的外部约束，则评估既是有益的，且其方案既是可行的。

第五节　装备维修能力评估基本流程

装备维修能力评估必须着眼于装备维修任务的实际需求，充分考虑各种不确定要素的影响，因而是一件复杂和困难的工作。研究人员通过多年的理论研究和评估实践，探索和总结出装备维修能力评估行之有效的流程。

一、维修能力评估基本思路

装备维修能力评估，是当前和未来装备维修能力建设的导向。无论是实战评估还是仿真评估，其评估思路包含：一是确定装备维修能力建设的总体目标，即需要按照不同的研究对象，分析作战使命要求。二是确立装备维修能力需求，明确评估任务。装备维修能力评估需要围绕装备维修主体的作战使命，对总体目标进行具体分解，将目标转换为具体的能力要求和评估任务。三是构建装备维修能力评估指标体系。指标体系是评估任务的具体体现和能力建设的导向需求。四是建立能力评估模型（方法），基于建立的指标体系，对维修能力进行评估。五是采用评估结论对装备维修主体进行分析、研究，提出能力建设意见。具体思路如图 1-1 所示。

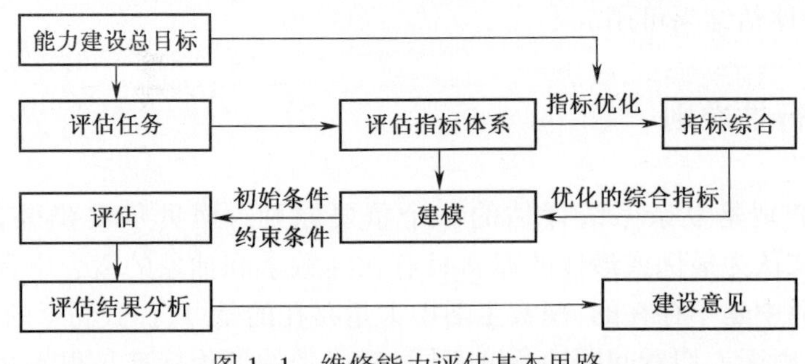

图 1-1　维修能力评估基本思路

二、维修能力评估步骤

装备维修能力评估是一个系统工程,其过程的各个环节和步骤构成了一个评估体系闭环。由于评估具有一定的不确定性,某一个环节的缺失或失真不会影响评估工作的进程,但会严重影响评估结论的真实性,进而导致能力建设方向的偏差,引起严重后果。因此,开展维修能力评估工作,需要在评估原则指导下,严格按照能力评估步骤开展相关工作,扎实做好每一步,才能实现评估的真正意义。

装备维修能力评估的基本步骤如下:

(1) 选择评估对象。评估对象间接决定评估的层级和评估要素的选取方向。

(2) 确定能力评估总目标。这是能力评估的基础和前提,主要是对评估对象的作战使命进行分析,明确评估方向。

(3) 明确评估任务和任务量。评估任务包含评估主体的客观需求,不同的评估主体会在作战使命的指导下,基于不同的目的开展评估工作。任务量预计/统计是能力评估的前提和基础,特别是任务能力评估的一个重要环节。

(4) 评估对象活动分析。主要对装备维修活动的要素/因素和约束条件进行分析,主要包含维修装备战技性能、维修人员状况、维修目标状态、维修环境等能力评估所必需的约束条件。对问题的描述往往采用作战想定的形式。

(5) 构建评估指标集。针对同一个评估对象,应构建较为完备的评价指标体下。在指标体系框架下,不同的评估主体,按照不同的评估需求,根据系统分析的思想,对影响作战效能的各因素之间的内在逻辑关系进行深入分析,将问题逐步分解和细化,按照独立和完备的原则,从中抽取相关评价指标,构建具有针对性的评价指标集。

(6) 建立评估模型。建立装备维修能力评估模型是能力评估过程中工作量最大的一步,必须深刻理解和分析装备维修的作战使用过程以及各种外部因素对装备维修能力的影响,在此基础上加以数学抽象和仿真描述。建模的思路和方法可以多种多样,需要根据实际情况具体问题具体分析。

(7) 计算效能指标值。根据给定的条件和数据进行模型计算或运行模型,得出各项评估指标值。对多个效能指标往往需要加以综合或聚合,常用的方法有聚类分析法、主成分分析法等。

(8) 评估验证。由于评估过程中包含人等复杂性变量,且影响评估结论的许多因素无法定量评估,导致评估结论存在一定的不确定性。对评估结果进行验证,是预防评估偏差的一个手段,其需要随着技术的发展逐渐地完善。

(9) 结果分析。对维修能力评估的结果进行分析,是装备维修能力评估的一项不可忽视的重要工作。主要是通过对灵敏度的分析，提出对装备维修能力的改进意见以及对装备维修力量使用方法的正确建议等。

在整个评估过程中，不仅需要准确确定评估方向，还需要注重装备维修相关数据的搜集。如在评估实施前，尽可能地按照正交设计等评估方案设计的基本原理，设计出不同水平的评估方案，有计划地分层次评估，使评估数据能够得以最大化地利用。特别是在计算机建模与仿真成为评估装备维修能力评估的重要手段以后，对准确、可用的基础数据的需求更加迫切。为保障评估的科学性和准确性，能力评估主体要在一切可能的条件下，获取尽可能多地有效维修能力数据，为维修能力评估提供支撑。

第二章
装备维修体系与过程系统

对装备维修能力进行评估,首先需要了解装备维修体系和过程系统,其装备维修体系能力评估的对象,决定维修能力评估的范围和方法。装备维修体系主要包含装备维修力量,以及维修资源和环境约束等。即需要确定维修力量构成,明确装备维修过程,运用系统科学的相关原理,对维修过程进行系统分析,研究装备维修过程各分系统的影响因素,才能对装备维修能力进行建模和仿真评估。

第一节　装备维修体系

装备维修体系是为保持、恢复和改善装备的可靠性和战术、技术性能,各个相关主体按照一定的秩序和内部联系组合而成的整体。因此,如果需要全面评价装备维修能力,就不能仅从维修作业或器材存储量等局部进行评估,需要按照全流程、全要素的要求确定维修体系结构。

一、装备维修体系的基本构成

从系统的角度可将装备维修体系看作是一个系统。装备维修系统是由维修人员、维修经费、维修器材和仪器设备所组成。维修人员是维修系统的主体,维修经费、维修器材和仪器设备是维修系统的辅助要素。

结构是要素之间的秩序。维修系统的结构是指维修系统内部各个组成部分相互联系和相互作用的结合形式,它反映了各个部分之间存在的比例、顺序和结合方式。维修系统的结构是适应装备对维修保障需要的客观表现形式。在一定的时期,由于装备的质和量,以及维修思想的相对稳定,维修系统结构具有相对稳定性。随着装备的发展和维修思想的变革,维修系统的结构必然发生相应的变化。实践证明,合理的维修系统结构能使维修系统具有生命力,满足装备对维修的要求;不合理的结构则使维修系统出现偏差,影响装备的使用。因而,合理优化维修系统的结构是改革赋予我们的一项重要任务,也是维修系统工程研究的一个重要课题。

(一) 维修系统的纵向层次结构

维修系统的纵向层次是指其纵向的结构形式,它表示了维修系统中的地位、等级关系。处于不同层次或同一层次之间的维修系统要素既有共同的运动规律,又有各自特殊的运动规律,并由此而表现出维修系统的层次性。

维修系统的层次是由装备体系的层次决定的,具体地说,维修系统的层次结构对应了各军兵种装备的层次结构。总体来看,维修系统可以分为三层五级结构。三层为决策层、管理层和作业层;五级为军委装备发展部、战区/军种装备部、军级装备部、师/旅级保障部和团级修理连等。

(1) 决策层。其是装备维修工作的领率和决策机关,它负责领导全军或各领域维修工作,制订和完善装备维修的发展战略、总体规划,拟订和修改有关的维修法规(条例、规程)等。

(2) 管理层。战区军种装备部和师旅保障部按照上级的工作计划,以维修法规为依据,分析维修工作的现状,组织、指导和督促下级的维修工作,并负责上情下达和下情上报的任务。

(3) 作业层。团级修理连的维修人员是维修工作的具体操作者,其具体职能是按照维修条例、维修规程和维修工作计划的要求,完成对航空技术装备的维护、保障、检测、排故和修理任务,使航空技术装备始终处于良好状态,保证战斗和训练任务的需要。

(二) 维修系统的横向结构

维修系统的横向结构有多种划分方法,如可按维修专业划分为车辆、舰船、飞机、军械、装甲等;也可按职能划分为维护保障、检测排故和修理等。在本书中,将维修系统的横向结构按照维修流程划分为器材储备、器材供应、维修作业三个部分。

维修系统的横向结构表明,维修系统是可以组合的系统,也是可以分解的系统,它的各个组成部分既自成系统,又相互联系。

1. 装备维修过程分系统

如果将装备维修保障过程看作一个维修系统,则各个过程可以作为构成维修系统的分系统,即维修过程分系统。装备维修过程的构成要素可以分为维修器材筹措、器材储备、器材供应、维修作业四个关键要素。由于维修器材筹措过程复杂,且其能力不包含在装备维修能力的直接影响因素集中,其是一个间接约束条件。所以,装备维修保障仿真在现阶段可以只考虑器材储备、器材供应、维修作业三个维修分系统。

器材储备是维修目标得以实现的基础。装备维修器材储备应符合规模适度、结构优化、布局合理的要求,以保证装备维修保障能够及时、有效、连续地进行,提高装备维修保障的综合效益。装备维修器材储备规模,既要考虑军队的装备维修需求,又要考虑储备可能,在统筹兼顾的基础上合理确定。现代装备的种类繁多,系列化程度高,军队战斗力的发挥有赖于各种装备的综合使用及整体功能的发挥,缺少任何一种装备都有可能影响装备的有效使用,甚至影响装备的整体作战效能,因此,装备维修储备结构应当综合配套、比例恰当,与装备维修需求相匹配。同时,为保证在任何地区都能及时给部队提供装备维修保障,装备维修器材储备必须形成合理的布局。通常应根据储备的层次分工和军兵种分工,结合部队装备的平时部署、战时可能的作战任务及兵力部署、自然地理条件等情况,建立以基地级储备为依托,各战区分区储备与部队携运行储备相衔接,全纵深、多层次、全方位的装备维修器材储备布局。对于装备维修能力评估而言,装备维修器材储备的规模、结构和布局是维修能力评价的要素。其中规模是输入条件,可以根据实际情况或想定进行对应设定;结构和布局是评价维修指挥人员能力的重要指标,需要设定一定的标准结构和布局,通过对比体现其合理性。

器材供应是装备维修的一个重要制约因素。装备维修器材供应的基本程序包括:一是掌握需求,编制计划。全面准确地掌握部队所需补充装备维修器材的种类、型号、数量及时间和时限、地点等需求情况,编制装备维修器材供应计划。主要内容包括:装备维修器材补充数量、品种、型号和规格、时机和补充方式;协调及注意的事项;补充完成时限等。二是下达任务,迅速准备。要及时组织各项补充准备,对即将补充部队的装备维修器材进行启封和严格检验,按照部队使用要求组织配载,准备装卸搬运力量等。三是协调运力,组织输送。根据补充量、运输距离、补充方式、补充时限要求等,选择运输工具,确定运力需求,与有关部门协调落实,并参与组织实施。按供应环节可区分为逐级供应、越级供应。按补充程序可区分为计划供应和申请供应。按供应内容可区分为配套供应与单品种供应。根据不同的维修器材供应策略,在维修能力建模和仿真中,可以分别设定不同的建模方式对器材供应能力进行评价。一般来说,建立的模型中,对于管理、装卸等环节一般通过延时来实现,对于运输路线、运输工具损耗、物资器材损耗等需要按照一定的供应规则来进行模拟、评价。

维修作业是依赖于维修装备、设施、人员和资源的综合过程。根据遂行装备修理任务的修理力量组织形式和行动特点,装备修理可分为机动修理和固定修理。机动修理的主要组织形式有阵地修理、伴随修理、巡回修理、临时设点修理等。在修理过程中,可以采用原件修理、换件修理和拆拼修理等方式,以实现损耗装备的最大修复效果。对于维修作业过程而言,具体的维修活动包含:装备送修或抢救、损坏评估或故障检测与定位、维修保障方案决策(具体的作业方案)或等待维修、装备拆卸与分解、等待零备件、更换故障零/部件、修理故障零/部件、装配、调试运行、装备返回。对装备维修能力进行建模,首先要明确装备维修作业能力状态,将各种维修方式和维修方法转换为相应的能力因子,通过与指挥员能力水平的组合,实现装备维修作业决策和过程优化,以体现维修作业水平和维修能力。

2. 装备维修过程分系统结构

装备维修过程中的活动,除活动对象外,每个活动主体都可以认为是由人员、装备、环境构成的一个维修分系统。整个装备维修过程可以分为维修器材筹措、维修器材储备、维修器材供应、维修作业、损耗装备抢救、待修装备(零/部件)后送等分系统。其中,维修器材筹措活动一般在维修建模和仿真中不作为一个过程环节考虑,维修器材储备活动在建模和仿真过程中通过资源的分配和布局来体现。

在装备维修分系统结构中,人员和装备是对输入实施作业的主体,环境是作业的条件和基础。人员和装备是分系统中受影响最多的变量,也是装备维修过程建模的难点。地形、气候环境对人员和装(设)备的影响规律是相对明确的,但是战场环境等是时刻变化的,所以维修分系统是一个复杂性系统的综合。

图 2-1 中,任务条件对维修过程活动的约束主要体现在对人员和装(设)备,以及活动内容上。例如,维修器材供应过程需要增加器材出库、装载、卸载、运输工具和路径等基本约束。任务对象随着活动的不同而有所不同。例如,维修器材供应的任务对象是维修器材,维修作业的任务对象是待修装备。任务目标与任务对象是相互对应的。

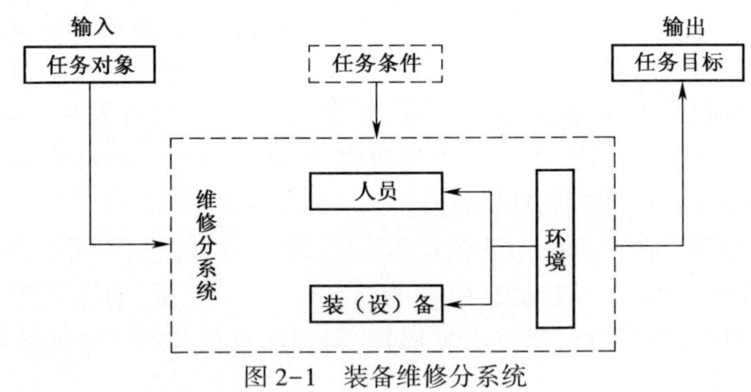

图 2-1　装备维修分系统

二、装备维修体系发展因素

装备维修体系的发展需要以国家的军事战略为指导,以军事装备为对象,以科学技术为支撑,以军事经济为约束。即随着军事战略、军事装备、科学技术水平和军事经济实力的不同,装备维修体系将具有不同的构成方式方法。因此,开展装备维修能力评估,需要首先了解国家的军事战略、军事装备、科学技术和军事经济情况。

(一)军事战略

军事战略是筹划和指导军事斗争全局的方略,是进行军队建设、军事斗争准备和实施等军事活动的主要依据。装备维修作为军事活动的重要组成部分,它通过各种维修手段保证装备发挥出最大效能,从而保证军事战略的实现。因此,装备维修必然受军事战略的影响和制约。

军事战略规定了装备保障的方向和目标。军事战略目标的实现是以客观物质条件为基础的,而这种客观物质条件要转化为军队的战斗力,则要通过装备保障这个环节来实现。装备保障要完成把客观物质基础转化为军队战斗力的任务,必须先具有这种转化的功能,这就要求从保障军事战略目标的实现出发,建立相应规模的装备保障系统。当前,新形势下军事战略方针指出要"与时俱进,加强军事战略指导,前移指导重心,注重深远经略,塑造有利态势,综合管控危机,坚决遏制和打赢战争"。根据军事战略指导,确定与之相适应的装备保障建设的发展方向,并制定相应的装备维修建设规划计划,是军事战略的内在要求。

军事战略的调整推动装备保障体系的调整,进而影响装备维修体系。军事战略的实施要以与其相应的装备为手段和工具,不同的军事战略会对装备及其保障体系提出不同的要求,军事战略的调整必然会推动装备及其保障体系的调整。装备及其保障的建设和发展必须适应军事战略的要求,按军事战略所规定的方向、模式发展,形成军事战略所要求的特定的装备及其保障体系。根据新形势下军事战略方针,装备及其保障体系的地位作用更加突出,要求大力发展高新技术装备,从而引发装备维修体制的调整改革。

军事战略的调整引发装备维修重点的转移。一个国家根据主要军事威胁和作战对手的变化,会确定不同的军事战略重点。在不同的时期,在不同的军事战略的指导和要求下,装备维修有不同的重点。如第二次世界大战结束后不久,许多国家将对付核威胁作为其军事战略的重点,重点发展核攻防装备,装备维修重点也就从常规武器转向核装备。当前,确立了瞄准打赢主要来自海上方向的信息化局部战争,网络、太空成为国家安全重要的新领域,海上、空中、导弹、信息、太空和核武器装备体系成为装备维修的重点对象。

(二)军事装备

军事装备是装备维修活动的客体对象。军事装备及其体系作为一个综合的系统,影响并带动装备维修保障的建设与发展;同时,装备维修对装备及其体系效能发挥具有影响作用。

军事装备是组织实施装备维修的客观依据。装备维修目标依据军事装备要求而确立。装备维修的目标选择与确定,必然要针对装备来统筹谋划。要依据装备对装备维修的内在要求,确定主攻方向,明确建设重点,分配力量资源,区分阶段步骤,提出任务要求,把装备维修的目标建立在系统、配套、规范、实用的原则基础上,从而逐步形成既适应我军装备发展和未来作战需要,又具有我军特色的装备维修发展模式和管理机制。

装备维修活动为适应军事装备需求而产生。装备维修是为满足军队建设与军事斗争对装备及其体系需求,而采取的一系列保证性措施和活动,装备维修活动服从并服务于装备的需求。因此,装备维修的观念、理论、体制、机制、人才等,都必须依据装备的需求发展而不断转变,并与之相适应。

装备维修和装备的发展具有统一性,装备维修伴随军事装备发展而发展。当前,大批高技术、高集成和高效能装备配备部队后,装备体系结构发生了重大变化。装备维修是装备工作系统中的一个主要组成部分,需要掌握装备建设与运用的客观规律,走技术牵引、系统建设的路子,提高装备维修水平和维修能力。因此,装备维修的进步是伴随装备的发展而发展的。

(三)科学技术

科学技术军事领域最活跃、最积极、最具有决定意义的因素。就装备维修而言,以国防为主的科学技术直接影响装备维修的对象、手段和方式,进而影响装备维修力量、体制及理论的建设和发展。

科学技术促进装备维修的建设和发展。科学技术推动装备维修对象的变革和维修内容的变化。战争的历史发展表明,装备领域一直是吸收、利用科学技术成果最早、最多、最快,对科学技术更新的反应最灵敏、最迅速的领域,科学技术的发展,推动了军事装备的发展和变革。同时,科学技术引起装备维修内容向配套化、系统综合化方向发展。一方面,通过军事高技术的物化,牵引并产生了与以往迥然不同的新型装备体系,并需要配套的装备维修与之相适应;另一方面,新老并存、互为补充、逐步发展的装备系统,决定了装备维修的功能必须具有系统综合性。科学技术的进步使得装备保障具有了适应装备体系不断变化的能力,使装备保障向系统综合化的方向发展。

科学技术促进装备维修能力的提高。装备维修能力是由保障人员、保障手段、保障设施、保障体制、保障理论等多种要素构成的,所有这些要素都是科学技术的结晶。由于科学技术的互通性,一个国家可以通过国际科技合作与交流,通过学习研究他国最新科学技术,缩短在某些科学技术上的差距,提高装备维修人员的素质,为提高装备维修能力奠定基础。科学技术的发展和广泛应用,改进了装备保障手段,使维修装备的性能大大提高,装备维修信息实现了网络化,检测诊断实现了智能化,设备工具实现野战化、小型化、多功能化,保障指挥实现了自动化、实时化,专家远程支援可视化等,大大提高了装备保障效率和质量。

(四) 军事经济

军事经济是满足军事需求的经济部门和经济活动,以及与此相适应的经济关系的统称,是国民经济的重要组成部分。装备维修的建设、发展和组织实施,需要国家的经济力为支撑,同时又受其制约,直接表现为军事经济对装备维修的影响。

军事经济决定装备维修的总体规模。国家提供给军队的人力、物力和财力数量规模越大,军事经济实力越雄厚,装备维修的经济支持力越强大,可以形成与保障打赢信息化战争相适应的装备维修力量规模。由于军事经济受国家经济力的支撑,以国民经济为基础和源泉,国民经济实力对于装备维修有着极大的影响和制约作用,只有国民经济实力真正增强了,装备保障才能有雄厚的物质基础。

军事经济影响装备保障的质量。军事经济实力是现实军事经济中人力、物力、财力,以及经济组织管理能力的总和,是装备维修的依托,是装备保障质量高低的前提和基础。高新技术装备系统的结构复杂、技术密集、价格大增,使装备维修的投入直线跃升,从而加大了装备维修对经济要素的依赖。纵观装备维修发展的历史,一种新型装备维修从军事上看是迫切需要的,从科学技术上论证也是可行的,但往往由于费用过高,超出了经济承受能力,而不得不放弃或暂缓其维修实施计划。如俄罗斯由于军事经济难以支撑其航空母舰巨额维修经费,造成航空母舰长期得不到有效保障,最后几乎以“废铜烂铁”的价格贱卖。

第二节 装备维修力量

装备维修力量是从事装备维修活动的组织、人员、装备、设施等数质量及其有机组合。维修保障力量的组织、人员、装备、设施共同构成一个维修保障系统,装备、设施是基础,人员是推动维修过程的执行者,是维修活动的核心,组织是维修活动持续有效的重要保证。装备保障力量构成要素,是组成装备保障力量并形成装备保障力的前提条件,是完成装备保障任务的主体和基础。对装备维修保障体系过程进行仿真,首先要明确仿真对象的基本构成要素,即装备维修力量的构成。

一、组织

装备维修保障力量组织是指各种装备维修保障力量基础要素和组合要素，通过一定结构形式建立并具有特定保障功能和职能的实体。装备维修保障力量组织结构决定装备维修保障系统的性质和功能，是装备维修保障系统的内在构成，联系着装备维修保障系统与要素；装备维修保障力量组织功能，是装备维修保障系统的外在行为，联系着装备维修保障系统与环境。建立规模适度、层次完备、功能综合、机动灵活的装备维修保障力量组织及结构，对提升装备维修保障能力具有重要意义。

装备维修保障力量组织，是装备保障体制的结构体现，与装备维修模式相适应，构成装备维修能力的“软”要素。通过装备维修组织，能够使装备维修力量的各个要素按照指挥员的意图构成一个维修保障系统，对保障对象输出相应的维修保障能力。在装备维修能力建模和仿真过程中，需要建立与装备保障体制和作战编组相适应的维修保障组织结构，并与维修保障能力相关联，才能够依据系统科学的思维构建正确的维修能力模型。

二、装备维修人员

装备维修保障人员，泛指从事装备维修保障活动的人力资源，具体是指具有专门的装备维修保障知识和较强的装备保障工作能力，能够圆满完成本职工作任务的人员。在职能上可区分为两大类：一是装备维修保障指挥人员，主要担负装备维修保障组织、计划、指挥、管理、协调和控制等职能；二是装备维修保障专业技术人员，包括装备维修技术管理人员、装备维修技术保障人员、装备维修器材仓储管理供应人员和辅助勤务人员等。装备维修保障人员是装备维修保障活动的主体和关键，也是装备维修保障力量中最具有主动性、灵活性的基本要素。装备维修保障人员素质的高低，直接决定着装备能力水平。

从装备维修保障人员的工作职能看，装备维修保障人员主要包括五大类：一是指技合一型的装备维修保障指挥人员，即各级装备维修保障指挥机关领导和综合计划（战技）部门的指挥人员；二是复合型的装备维修保障管理人员，包括各级装备维修保障指挥机关业务部门的人员和装备维修保障部（分）队领导等；三是专家型的装备维修技术人员，即从事装备维修保障工作的专业技术人员；四是行家型的装备维修技术士官，即各级装备维修保障部（分）队中负责装备维修设备/器材保管、维护、修理、仓储的技术骨干；五是应用型的装备维修技术士兵、维修士兵和仓储士兵。

装备维修能力建模需要对装备维修人员类别和层级进行细分,分析不同人员对维修体系的贡献方式,以及不同类别人员的不同维修能力贡献率。同时,对于不同类别的维修人员需要根据简化建模原则,对参与维修过程的人员进行重新分类,使维修流程各环节与维修能力间的关系更加清晰、直接。

装备保障人员是装备保障活动的主体和关键,也是装备保障力量中最具有主动性、灵活性的基本要素。装备保障人员素质的高低,直接决定着装备保障的总体水平。装备维修人员的分类和主要工作对应关系如图 2-2 所示。

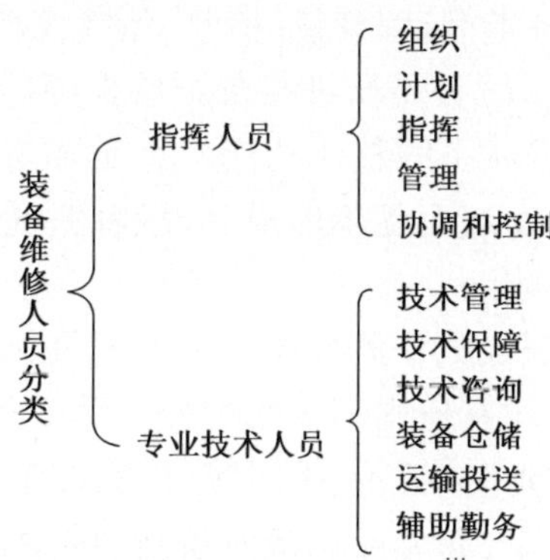

图 2-2　装备维修人员分类和主要工作对应关系

对人员特征描述除身高、体重、性别等显性要素外,还有精神状态、疲劳程度、应变能力等隐性指标。在装备维修能力评估建模和仿真中,装备维修人员的效能通过分级对不同实体作用的方式体现其功能。

三、装备维修装备与设施

装备维修装备和设施,是装备维修的物质基础,是提升装备维修能力最直接的因素。装备维修装备和设施是装备维修方法的基础,决定维修效率和质量,是维修能力评价过程中最直观的要素。

(一) 装备维修保障设施

装备保障设施是指装备维护、修理和储备所需的永久或半永久性场所、建筑物及其配套设备。它是实施装备维修保障活动的重要依托,是确保装备维修保障活动正常运转的物质条件。可分为通用和专用两大类:通用设施包括厂房、车间、维修作业场地库房、洞库、起重运输设备等;专用设施包括船坞(包括浮船坞)、码头、机库、导弹检测场等。

设备技术状态良好、布局合理的装备保障设施，是完成装备维修保障活动所必需的物质基础。设施技术状态影响维修作业的质量，布局影响维修作业效率，进而影响维修的能力。同时，由于装备维修保障设施具有不可移动、排他等特点，在装备维修能力建模和仿真过程中，需要考虑维修保障设施的占用情况和损耗。

（二）装备维修保障装（设）备

装备维修保障装（设）备是指实施装备维修保障活动的设备和工具。其主要包括装备维修保障所需的各类搬运、计量、检测、诊断仪器设备和工具，以及各种配套设备。装备维修保障装（设）备是衡量装备维修保障能力高低的主要标志之一，其性能直接关系着装备维修体系的整体功能。它是随着社会科技经济实力、军事技术的提高，以及军事装备发展而逐步形成和发展的，受装备维修保障需求、军事技术、军事经济等因素的影响。

装备维修保障装（设）备，按用途通常分为手工具、检测设备、维修保障设备、修理工艺设备等种类，每类均有通用和专用之分。手工具是指检查、调整、分解、装配零部件的手用工具，如螺丝刀、扳手、手钳等；检测设备是指确定装备技术状况的测试、测量和诊断仪器与设备，如无损伤检测设备、试验台、试车台、自动测试设备等；维修保障装（设）备是指提供能源、搬运、起重和便于操作使用的工具设备，如工作架（梯）、启动车、清洗车（船）等；修理工艺设（装）备是指分解、装配、调整、研磨、机加工、连接、热处理、表面处理、表层强化等修理工艺所用的工具，包括装有工具设备的工程车辆（船舶）和野战修理方舱等。

装备维修保障装（设）备，是装备维修手段的重要组成部分。保障维修装（设）备作为装备的重要组成部分，既具有装备的共性特征，又具有结构的系统性、功能的兼容性等个性特征。在装备维修保障建模和仿真中，不同的装备维修保障装（设）备具有的损耗特性不同，需要根据维修能力评估的目标，分别设置能够体现装（设）备自身损耗和维修效能的参数，确保维修能力评价的合理性。

维修装（设）备特征可以描述为机动性、作业效率、功能、消耗、技术状态和要求等，并具有一定的故障间隔时间。在装备维修保障建模和仿真过程中，装（设）备一般具有唯一性，可以用占空比来描述装备的使用频度。

第三节　装备维修资源与环境

装备维修体系中的各个要素，除装备维修力量外，暂将维修过程中产生的消耗统称为维修资源。维修环境是指整个维修体系的背景,其与维修资源、维修经费共同构成装备维修能力的主要约束和条件。

一、装备维修资源

对于各项维修保障资源,其需求都是要根据相对应的维修工作的工作类型、工作时机、维修级别及其任务内容等参考依据来确定的,也就是都需要进行基本的保障性分析作业。但对于资源具体需求量则要根据具体的实际情况和作战需求等因素综合考虑。

(一)维修器材

维修器材是指用于装备维修的一切器件和材料,如备件、附品、装具等。它是装备维修的物质基础。在实际工作中,也常称为供应品。装备维修器材保障的基本任务,是根据部队作战、训练和执行其他任务时的技术保障需要,在掌握装备数量及其技术状况、把握维修器材消耗规律、预测维修器材消耗的基础上,结合经济条件和市场供求变化趋势等客观条件,运用科学理论和方法有效地计划、组织、协调和控制维修器材的筹措、储备、保管、运输和供应等活动,从而保证及时、准确、快速、高效地为军队的装备技术保障活动提供所需的维修器材。

装备维修器材保障勤务活动主要包含器材筹措、储备和供应。装备维修器材筹措,是根据部队遂行的任务、维修器材供应标准、维修器材资源量、部队的实际需求量,以及经费的保障程度等情况,通过申请、订货、采购,组织旧品翻新等手段,获取维修器材的活动,是装备维修器材保障的首要环节。装备维修器材储备,是为满足未来一定时间内装备维修器材的消耗需要,在预测装备维修器材需求量和筹措装备维修器材的基础上,预先储存一定数量的装备维修器材的活动。它是保证装备维修器材保障连续、及时、可靠的重要条件。装备维修器材供应,是指为满足部队对装备维修器材保障需要而进行的分配、调拨、发放、输送和接收等活动的统称,是装备维修器材保障的最后环节。

对装备维修能力评估而言,维修器材勤务活动的源头在需求量。维修器材需求量是指在规定的时间内,进行维修所需某类维修器材的数量。它可以是某一台装备的,也可以是某一部队装备群(如装甲机械化师)的需求量,其与一定的使用时间相对应。从平均意义上来讲,使用时间长需求量就大;反之,需求量则小。在实际统计与预计中,需求量一般对应于一个批量供应周期。值得指出的是,维修器材需求量还包括人为因素造成的需求,如丢失、操作失误、维修中的损坏等。除需求量外,维修器材需求率和备件需求率则是影响器材供应量的一个重要因素。维修器材需求率指单位时间内的维修器材需求量。这里的时间可以是年、月、日等日历时间,也可用其他广义时间单位。备件需求率反映了部队装备需要备件的程度,它不仅取决于零部件的故障率,还取决于维修策略,装备使用管理,装备使用环境,零部件对损坏的敏感性等多方面的因素。

(二) 维修经费

装备维修经费的统筹组织、合理规划和计划,是充分发挥装备维修经费使用效益的前提,必须科学预测,充分论证,周密计划,灵活组织装备维修经费保障。

预计装备维修经费需求量,主要是根据国家军事战略方针、军队可能作战任务、现有装备实力与状况、可能作战强度与持续时间和装备维修经费供应标准等因素进行。装备维修经费保障,除了装备维修管理费预计外,还包括在装备维修费中的装备维修科研经费预计,列入装备购置费支出的装备维修器材和设备经费预计等。装备经费需求量预计,应当把握的关键点是着眼急需、留有余量。信息化战争爆发突然,作战强度大,装备经费保障面临诸多未知因素,预测难度很大。因此,着眼军事斗争新特点,立足长远、着眼急需,预计装备经费需求量要适当超前考虑,留有余量。

由于维修经费总量的限制,在确定维修经费时,需要遵循全面兼顾、重点突出和及时灵活原则。全面兼顾,即在装备维修经费供应分配时要有全局观念,正确处理军队内部上下之间、军兵种之间、各环节之间的关系。在供求矛盾突出时,应服从全局安排,做到装备维修经费需要服从军费可能。重点突出就是在装备维修经费供需矛盾十分突出的情况下,为使有限的装备维修经费发挥最大的效益,集中财力优先用于装备维修建设和军事斗争的重点方向,确保各重点、关键项目和作战关键环节的需要。及时灵活,就是装备维修经费供应要注重时效,及时供应,确保装备维修协调有序发展和装备维修任务高质量完成。灵活主要是装备维修经费供应要留有余地,以随时应付新情况和特殊需要。

因此,装备维修经费在依法使用的基础上,效益第一是维修能力评估的一个重要方面。就是在强调军事效益优先的同时,注重较高的经济效益。一方面,要根据部队实际需要和装备维修保障的可能,准确计算,正确决策,周密计划,避免因决策失误和计划不周而造成不必要的损失。重点把握好预算管理这一环节,加大经费预算力度,增强经费透明度。另一方面,要及时足额供应,就是根据各级装备机关对装备维修经费的需要情况,按时、按量地组织实施装备维修经费供应。表现在时间上,要按规定的时间拨付;在保障数量上,要达到标准或预算的指标;在保障对象上,要拨到应到达的单位;在保障关系上,要尽量减少保障环节,主动组织经费保障;在监督管理上,合理运用装备维修经费,严格控制消耗,防止浪费,力求以最少的消耗获取最大的效益。

（三）维修信息

在维修体系中，需要对每个重要环节进行分析，确定所需的各种保障资源，因此，需要收集各种信息，以便得出准确结果。分析时所需的主要信息如下：

(1) 装备功能要求和备选维修保障方案中提出的维修要求信息，如使用前后的准备与保养、测试和维修的主要部位与要求等。

(2) 已有装备类似的维修现场数据和资料，如维修时所用的工具和保障设备、确定维修工时和备件供应以及所需技术资料等。必要时可以实际测定工时和试用设备。

(3) 修理级别分析所拟定的各维修级别的维修工作内容，如在装备或分系统中所需更换的部件或零件和要求及拆卸分解的范围等。

(4) 各种维修保障资源费用资料。

(5) 当前维修保障资源方面的新技术，如新型通用测试设备和工具及先进的工艺方法等。

(6) 有关运输方面的信息，如器材储备布局、运送待修件的距离、部队现有运输工具等。

从上述这些信息来源来看，做好维修体系分析，首先要做好数据和资料输入的接口工作，否则可能导致工作重复和高的费用。

二、装备维修环境

维修系统的环境是指所有与维修系统有物质、能量和信息交换的事物。它们与维修系统具有输入、输出关系，通常也是维修系统活动的场所。

（一）自然环境

自然环境主要是指装备维修部（分）队遂行装备维修任务的地形和气候。地形主要影响装备、设备、设施等装备的使用，维修器材的运输投送，装备维修阵地的展开等。气候主要影响人员和装备效能的发挥。不同的装备在不同的地形条件下，不同地区人员和装备在不同地区的适应性都会有所不同，进而影响装备维修能力。

1. 地形

地形是地球表面高低起伏的形态。主要分为陆地地形和海洋地形（海上维修一般在舰上，海洋地形对维修能力影响不大）。陆地地形分为山地、丘陵、盆地、高原、平原五大类。各种地形中的路面又可分为平原公路、坏路、山路、城市道路和无路(沙漠、草地、泥泞地、灌木丛、冰雪地及水滩等)五种。地形特征描述方式为地形类型、地面起伏状况、地势、海拔、地貌(含特殊地貌)、路面。在不同种地形下的不同种道路上开展维修作业,人员和装备来说会呈现不同的能力。

1) 山地地形

山地地形岩石峭壁林立、地势起伏较大,虽有良好的天然隐蔽条件,但对发挥人力有一定的限制作用。山地地形复杂,交通十分不便,现成的大道和小路一般极少,这样就给地面部队的大规模机动带来很大困难。同时,山地没有平原或丘陵地作战时所特有的统一性和完整性,而是各地区相互分隔,这一特性对维修保障有很大影响,特别是对一些山垭口的孤立战斗难以保障。

2) 丛林地

丛林地的主要特点是:植被茂密;持续高温;雨量多;湿度大。这些特点限制了部队的观察、射界、通信、战场监视和目标搜索,但也为部队提供了良好的掩蔽和隐蔽条件。丛林地作战,运动困难,纵队之间难以保持联络,作战行动比较孤立。

3) 沙漠地

沙漠地土质多种多样,地势起伏不平,多属不毛之地,气象条件变化急剧。沙漠地区对装备维修的主要影响是:水源缺乏,人员饮水困难,人员作业效能降低;风沙较大,装备损耗快,且降低装备效能;地质松软,机动困难;沙漠天然掩蔽条件较差,构筑作业工事困难。

沙漠环境可使不适应当地气候或没受过专门训练的士兵衰弱下去。而且长时间地暴露在阳光下可引起出汗过多、灼伤、脱水、痉挛、中暑虚脱等,这些都会造成战斗力下降。海湾战争前,美军曾经在类似沙漠地形的条件下严格训练,学会了在沙漠地区生活和行动的技能,为夺取海湾战争胜利起了重要作用。

2. 气候

气候是地区的自然条件,一般因为阳光直射与斜射、季风、纬度、海陆位置和海拔高低形成。世界气候主要分为热带气候、温带气候、海带气候、高原山地气候四大类。热带气候包含热带雨林气候、热带草原气候、热带季风气候、热带沙漠气候等。温带气候包含亚热带季风和温润气候、地中海气候、温带季风气候、温带海洋性气候、温带大陆性气候等。不同气候下的天气状况分为晴、多云、阴、雨、雪、雾、沙尘暴、冰雹、霾等。不同气候和天气情况共同构成装备维修的具体环境。维修环境的光照强度、温湿度、空气含氧量、天气状况等对人员和装备具有重要的影响。

如寒区气候特别恶劣,温度较低,对作战行动具有很大影响。具体表现在:封冻的地面和水面能够改善通行性，但车辆需要进行特别保养，才能保持运行；严寒地区地形条件差异很大，应根据战区的具体条件对战术进行相应的调整；冬季环境大大增加了在野外完成各项任务所需的时间。通常，在严寒条件下构筑战斗阵地、设置障碍、实施保养任务和部队徒步运动所需的时间比正常情况下耗时要多很多倍。

（二）作战环境

从古至今，战场环境一直是决定战争成败的重要因素之一，它虽然是独立于交战双方并且与交战双方军事实力对比无关的客观存在，但只要运用得当，它也可以发挥出巨大的作用。现代战场是陆、海、空、天、信息、网络和心理七维一体化联合作战的战场。其特点可概括为战场信息透明、体系和网络对抗、战场多维、快速精确、战场纵深不断扩展、战争时间大大缩短、消耗巨大和不断创新。新军事变革加快了向信息化战场的转化，未来的战场环境将是战场信息网络化、智能化、自动化、实时化；战场空间全球化、一体化，并向太空和网络空间扩展；武器装备信息化、精确化、高速化、智能化、隐身化、集成化；核生化大规模杀伤武器正从威慑转入实用；攻防对抗更加激烈。

1. 电磁环境

电磁环境已经跃升为战场空间的主导因素。当信息资源成为兵家争夺的焦点之后，情况又在悄然变化——由电磁活动构成的隐形电磁空间的形成，是战场空间发生巨变的最显著标志，它预示着战场空间不再限于由平面向立体，而且发展为从单维到多维、从有形到无形。当代战场，电磁波已经成为信息获取的重要媒介和最佳载体，电子信息技术已成为武器装备的支柱：电子信息技术含量在飞机中已达50%（在B-2飞机中高达60%）；在舰船中达25%~30%；在火炮和坦克中达30%；在空间武器中甚至高达65%~70%。联合作战、体系对抗、精确打击所依赖的信息获取、传递、控制、干扰等，绝大部分要通过电磁波这个媒介完成。作战行动对电磁活动的依赖性越强，制电磁权的较量便越激烈，电磁活动空间在战场构成中的地位也越突出。电磁对抗作为信息化作战的标志性行动，从根本上决定着战场主动权的得失。对作战行动产生巨大影响的电磁活动，构成了战场电磁环境。

而战场电磁环境是由电磁活动构成的无形环境，在有限的时空里和一定的频段上，多种电磁信号密集、交叠，妨碍信息系统和电子设备正常工作，常常让人们感到摸不着头脑，有劲使不上。例如，电磁活动作用于武器装备，会影响以电磁波为工作媒介的电子装备的作战效能。同时，信息化武器装备所辐射的电磁信号，时刻处于敌方监视之下，稍有不慎，就可能招致“杀身之祸”。信息化武器装备通过辐射和接收电磁信号获取信息,这就为干扰信号的进入留了“后门”,埋下失效甚至失能的隐患。

2. 核生化环境

核武器威力大,毁伤效能大。它主要是靠冲击波、热辐射、初始核辐射和电磁脉冲来给人员和物资器材造成重大损失。核武器瞬间就可炸倒树木,破坏城市,引起火灾,造成放射性污染,在某些情况下还可造成洪水泛滥。

核爆炸产生的电磁脉冲可以破坏无防护的电子设备。放射性灰尘或降雨中央带的放射性微粒所产生的长期剩余辐射不仅会给士兵造成伤亡,而且还会使补给品、设施、装备、地形、食品和水造成污染。化学武器也可产生即时效应和延期效应,对人员、地形、装备和补给品实施污染。

核或化学武器在战场上的使用,给部队和作战行动带来许多影响。具体表现在:核或化学武器可使人员和装备瞬间遭受重大损失,这种损失很可能在训练不佳或心理准备不足的士兵中造成精神震憾和混乱;部队在遭到核、化袭击后,除立即遭到伤亡外,还会被持久效应所削弱,影响部队作战能力。

在核或化学战场上,为生存下来,美军认为必须加强训练应使士兵在心理上和体能上对核或化学武器的影响做好充分准备,并在遭受核或化学武器袭击时能继续执行任务;保证做好后勤准备,后勤系统必须能在核或化学环境中继续发挥作用,部队应有足够的补给品、防护服、洗消器材以及医疗补给品,以便在不能立即获得支援的情况下仍能坚持作战。

3. 心理环境

心理环境是指战场上的紧张压力,即作战环境对士兵心理产生的影响。美军认为,产生紧张压力的主要因素有:

(1) 战场上出现混乱局面。

(2) 现代武器的杀伤威力。例如,海湾战争中,美军对伊军阵地投掷重磅炸弹,其强烈的爆炸声和破坏威力,加剧了伊军士兵心理紧张程度。

(3) 指挥系统遭破坏,部队联络中断。

(4) 核武器和化学武器的使用。

(5) 战斗非常残酷,特别是受到重大伤亡,均增加士兵心理紧张程度。

战场上的紧张压力,会削弱部队的战斗力。为此,美军提出降低紧张压力的措施是:加强部队的纪律性;进行逼真的野战训练;精心培养部队的凝聚力;加强指挥者与被指挥者之间的团结;及时救护医治伤病员;关心士兵的疾苦等。

美军还强调,在防止己方士兵精神紧张的同时,还应设法在敌军中造成恐惧感并使其军心涣散。“积极巡逻、袭击以及出敌不意并使敌无法复苏的突然而猛烈的行动,均应作为加重敌人战场压力的手段而经常使用。”(美国陆军 1986 年《作战纲要》中文版第156页)。在袭击敌军指挥系统的同时,还要使用火炮、空中投射的武器、电子战、烟幕、欺骗、心理战、特种作战部队进行制造压力的行动。在海湾战争中,联军使用飞机和火炮将2900万份心战传单投放到伊军阵地,致使伊军98%的人看过传单,从而动摇了军心,涣散了士气。战争实践表明,只要采取多种手段对敌实施心战,造成其战场紧张压力,就能加速作战的胜利。

(三)作业环境

除地形和气候外,对装备维修能力具有重要影响的环境还包含作业环境。作业环境具体指战场环境和维修作业展开地的环境。战场环境是维修人员和装备必须面对的客观环境。维修作业展开地环境是可以人为构建的,平整的作业场地、良好的维修防护、适宜的维修空间对提升维修作业效率具有很好的正面效果。

第四节 装备维修过程

装备维修过程是维修主体基于维修机构、人员、装备设施等遂行维修任务所经过的程序,即装备维修力量为完成特定目标而进行的一系列步骤。装备维修过程是装备维修能力建模与仿真的基本遵循。对装备维修过程的有关活动进行建模、优化,需要准确把握装备维修过程内涵,正确划分装备维过程环节,为构建合理的装备维修过程分系统提供依据。

一、装备维修过程概念

过程是事物发展所经过的程序、阶段。在经济学中,过程是将输入转化为输出的系统。质量管理中,过程定义为将输入转化为输出的相互关联或相互作用的一组活动。IEEE将“一个过程”定义为“为一个指定的目的所进行的一系列步骤”。

尽管各个领域对过程的定义不尽相同,但其具有一些共同的特征:一是有输入和输出;二是过程由一系列活动(环节)组成;三是各个活动间存在一定的关联和相互作用关系。也就是说,任何一个过程都有输入和输出,输入是实施过程的基础、前提和条件;输出是完成过程的结果;输入和输出之间是为实现目标而进行的转换关系。为了实现输入和输出之间的转换就要投入必要的资源和活动。因此,资源和过程的活动构成实现过程目的的两个核心要素。

装备维修过程,可以认为是为保持、恢复装备规定技术状态,而进行的一组相互关联的活动,主要包括管理和技术两方面的活动。待修装备是维修过程的输入。完成维修过程,达到规定技术状态的装备是输出。为实现维修目标而投入的维修器材、装备、设施是资源。为达到输出要求而进行的一系列维修步骤和活动即为过程。

二、装备维修过程

装备维修过程是围绕装备维修保障开展的一系列活动的集合。通过这些活动可以将输入的故障单元转换成输出的规定技术状态的零件、部件、装备、装备系统等,其实质是利用资源对输入实体的处理和服务。

在装备维修过程中,涉及组织、人员、装备与设施等维修力量,以及环境、经费、资源等约束。并需要储存、供应、维修、训练等活动有序组合,构成特定任务需求的装备维修过程。因此,装备维修过程不仅需要明确装备维修“是什么”的问题,而且还需要准确描述“谁来做”“怎么做”的问题。一个完整的装备维修过程在明确维修任务的基础上,按照活动开始时刻的先后顺序及维修时所完成的功能可以分为以下几种活动:预计维修任务、确定维修策略、制定维修方案、执行维修作业、维修信息统计、维修效果评估等。具体过程如图 2-3 所示。

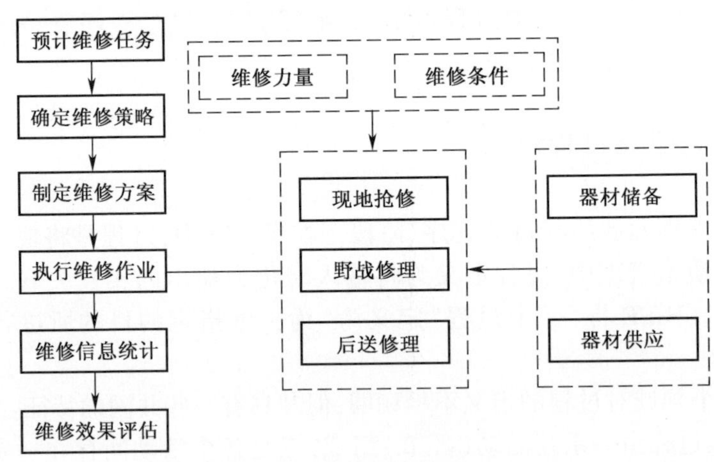

图 2-3　准备维修活动集合

装备维修作业基本过程包含损伤评估、损伤定位分析、现场抢修、抢救、野战维修、后送修理、基地级修理等过程。具体流程如图 2-4 所示。

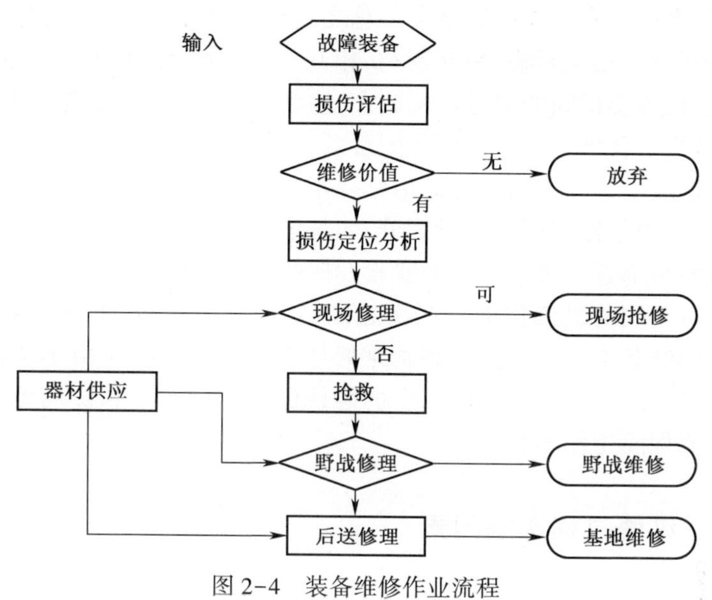

图 2-4　装备维修作业流程

三、装备维修过程特点

装备维修保障过程中的活动各具特征，发挥着不同的作用。从过程的角度而言，其系统特性比较突出。用系统理论的方法进行维修过程分析，其系统特性体现在整体性、关联性和层次性上。

整体性是指装备维修任务过程是一系列活动共同作用的结果。各活动和诸多影响因素之间的相互关系根据装备维修需求，共同存在于装备维修系统之中。装备维修过程各环节相互依赖、相互作用、相互制约才共同构成装备维修系统，才能实现整个维修保障过程。任何一个要素的缺失，装备维修保障过程都难以正常进行。随着装备技术水平的提高，装备维修的难度越来越大，需要依托技术的发展，按照系统维修思维，从维修系统的整体需求出发，全面提升维修能力。这就要求将维修过程各要素水平提升的出发点，放在整个维修过程系统中来考虑，各要素之间的联系和作用不能脱离装备维修保障过程系统的整体。

关联性是指事物之间的普遍联系性。装备维修保障过程各要素间存在着紧密联系。如渗透性因素通过实体性因素体现其对维修过程的作用；装备维修保障体制规定了装备维修过程各要素之间的联系，而各要素间的相互作用又影响装备维修保障体制的调整；装备维修训练可以提升装备维修人员水平，提升装备人员维修效率；维修环境通过影响维修装备和人员状态来制约或提升维修能力；维修信息对于维修管理和作业具有重要指导意义。总之,装备维修各要素间不是独立的,而是具有很强的关联性,相互影响、相互制约、相互作用。因此,为达成装备维修目标,需要对维修过程各要素间的促进作用放大,抑制"内耗"关联,提高维修能力。

层次性是指装备维修保障过程各因素具有层次之分。为保证装备维修过程的顺利实施,并达成维修效果最大化的指标要求,国内外军队根据作战和装备特点,将装备维修保障力量按照层次进行划分,如基地级、中继级、部队级三级部署,或基地级、野战级两级部署。每个层次的要素发挥的功能,根据体制或机制赋予的不同维修任务,进行不同的维修作业。层次越高,功能范围越宽,维修专业程度越强。同时,高层次的装备维修更加注重装备维修体系的构建。正是由于装备维修保障过程要素的层次性,以及处于不同层次的维修保障活动有序和协调地发挥各自作用,使装备维修保障工作顺利开展。

四、装备维修过程影响因素

装备维修过程,是以装备维修力量为主体构成的一系列维修活动的过程,是维修活动要素按照时间顺序相互作用的过程。在维修过程中,维修力量的活动必须依托于特定的环境和条件进行。这些环境等条件约束与维修力量一起构成了影响维修能力的变量。装备维修过程影响因素,是指与装备维修有着紧密联系并对其产生重要影响的各种主客观条件,既包括装备维修系统内部各要素,又包括系统外部的相关情况。研究的方法是把装备维修放在社会和军队大系统中,运用系统分析的方法,提取影响力较大的因素进行分析。

装备维修保障过程的影响因素从物质形态属性可以分为两大类:实体性要素、虚体性要素。实体性因素主要包括组织、人员、维修资源、维修环境等。虚体性因素主要包括科学技术、维修体制、维修管理、维修指挥、维修信息等。实体性因素是装备维修过程最基本的要素,是维修过程的支撑。虚体性要素一般通过特定的实体要素体现出其效能。具体构成如图 2-5 所示。

影响因素按照功能又可以分为维修主体和维修条件(约束)。维修主体主要指维修力量;维修条件(约束)又可分为资源因素、渗透性因素等。维修主体是维修活动的驱动,是装备维修过程各个环节的重要组成部分;维修条件(约束)是维修活动得以持续的基础,也是维修过程的输入。其中,维修资源在一定程度上决定了维修主体能力发挥的上限,渗透性因素通过维修主体实现其对维修能力的影响。在现代社会,渗透性要素对维修主体的作用呈现放大效应,在维修能力影响因素集中的作用逐渐增大。

装备维修过程的各个活动可以看作是维修系统的分系统,每个分系统都是由

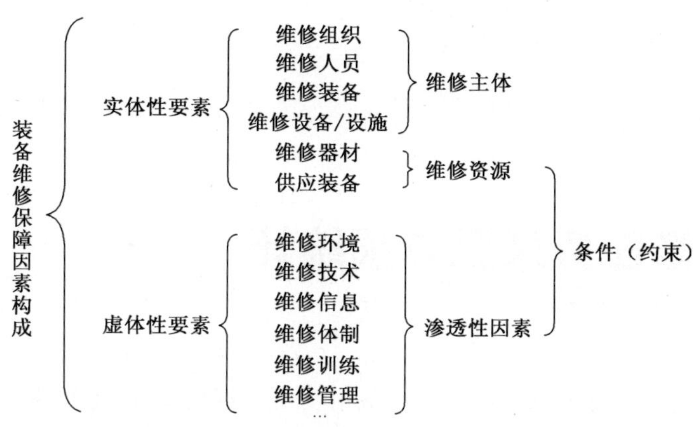

图 2-5　装备维修活动集合

人员、装(设)备等共同构成的。加上影响维修能力的维修物资器材等,构成了影响装备维修能力的实体性要素集。对影响要素进行基本构成分析,是维修过程和维修能力建模和仿真的基础。

五、装备维修过程数学描述

完整的装备维修保障过程是由一系列有序的维修活动组成的,每个维修保障活动的执行都有其特定的条件。活动可以是串行的,也可以是并行的;同一个活动本身可以由一系列基本维修保障作业组成。活动的成员可以是活动,从而形成装备维修保障过程的层次。其中每个活动都可以看作是一个过程,活动和过程从建模的角度来看是统一的,只是不同场合的称谓不同。

对于维修保障建模,构成维修系统的活动集合的每个子集(活动环节),都是由人员、约束(环境)、资源(装备、设施)三个核心环节构成的。据此,可以构建装备维修能力的数据表达式为

$$M = (m_o, m_t, A, C, R) \tag{2-1}$$

式中:m_o为待修对象,$m_o = \{m_{o1}, m_{o2}, m_{o3}, \cdots, m_{on}\}$,$m_{oi}$为不同种类的待修装备;$m_t$为维修目标,$m_t = \{m_{t1}, m_{t2}, m_{t3}, \cdots, m_{tn}\}$,$m_{ti}$为维修过程中不同维修活动的目标状态;$A$ 为维修活动集,$A = \{A_1, A_2, A_3, \cdots, A_n\}$,$A_i$为储备、供应、管理、维修作业等维修活动,$A$ 为活动时间 t 的函数,t 的取值受维修环境等条件的制约;C 为约束和逻辑关系,针对相同的维修过程,不同的维修目标和维修对象,其维修关系和约束可能不同,针对装备维修,C 与具体的维修过程无关,而是维修过程中各活动的逻辑关系;R 是维修资源,$R = \{R_1, R_2, R_3, \cdots, R_n\}$,$R_i$为维修保障过程中需要的各种维修保障资源。

第三章
装备维修任务来源与预统计

装备维修任务主要是指待修装备的数量规模,其是评价装备维修能力的一个重要基准。特别是在战场环境下,采用合理的方法统计待修装备数量,较为准确地预测待修装备数量规模,是完成战场抢修任务的基本依据和根本保证。传统的统计和预计方法主要包含经验推算法和模拟仿真法。装备维修能力建模和仿真分析的输入可以根据建模和仿真应用平台的不同,选择合适的计算方法。

第一节　装备维修任务来源

对装备进行维修,首先需要明确维修任务的来源,以及待修装备的类型、故障模式等。装备维修任务来源主要包含技术故障(可靠性故障)、作战损伤和其他影响装备功能的故障。

一、技术故障

技术故障也称为可靠性故障。可靠性是指产品在规定的条件下和规定的时间内,完成规定功能的能力。故障是指产品不能执行规定功能的状态。通常指功能故障(因预防性维修或其他计划性活动或缺乏外部资源造成不能执行规定功能的情况除外)。可靠性故障包含两层含义:一是机械系统偏离了正常功能;二是其功能失效。规定功能是装备系统的一种固有属性,描述了其实现目标的能力。装备具有了规定功能,在一定条件下便可完成规定的任务。从产品设计的角度,可靠性分为基本可靠性与任务可靠性。

基本可靠性是指产品在规定条件下,无故障的持续时间或概率。它考虑要求保障的所有故障影响,包括维修和供应有关的可靠性,所以国外也称后勤可靠性。

基本可靠性是衡量产品对保障系统无要求的工作能力,确定其特征量时,应统计产品所有寿命单位和所有故障。而不局限于发生在任务期间的故障或只危及任务成功的故障。因此,保障性要求中的可靠性指标应用基本可靠性参数的使用可靠性量值表示。

任务可靠性是指产品在规定的一组任务剖面内完成规定功能的能力。这里任务剖面是指产品在完成规定任务这段时间内所经历的事件和环境的时序描述。任务可靠性仅考虑造成任务失败的故障影响,即只统计任务期间危及任务成功的故障,用于描述产品完成任务的能力。

在装备实际使用过程中,需要对故障进行分类统计以总结其特征和规律,为装备的维修提供依据。GJB 451A 中给出了以下 19 种故障类型:单点故障、灾难故障、严重故障、系统性故障、偶然故障、渐变故障、间歇故障、共因故障、隐蔽功能故障、潜在故障、多重故障、重复故障、从属故障、独立故障、原发故障、非关联故障、非责任故障、早期故障、耗损故障。根据不同的任务需求,可以从不同的角度对故障进行分类。如根据责任主体的不同,将故障分为责任故障和非责任故障。

二、作战损伤

装备战损是装备因作战行动而造成的损坏。分为不可修复战损和可修复战损。不可修复战损是指受损装备无法修复或无修理价值的战损。这类装备通常作报废处理,对尚能利用的零部件(或总成),则可保留备用。可修复战损是指受损装备能够在一定时间内修复,使之恢复一定战斗性能的战损。对这类装备,应及时组织人力、物力现地抢修,或后送修理。

一个作战单位的装备战损情况通常用战损率衡量。装备战损率是一次作战结束后或一定作战时间内,装备损失数量(参战装备数量减去战斗结束后装备完好数量的差)占参战武器装备总数量的比值,用百分数表示。装备战损程度用不可修复率和可修复率表示。不可修复率(即报废率),指不可修复装备数与战损装备数之比;可修复率,指可修复装备数与战损装备数之比。战损率也可分为轻损、中损、重损和报废四类。战损率预测值将直接影响装备损坏率及损坏分布的大小,对装备维修保障部门有重要参考价值。

装备管理部门通常在战前进行战损率预测,目的是正确制订装备维修计划,合理使用维修力量,并为装备的储备和补充提供依据。每个作战单位在一次战斗(战役)结束后,要及时做好战损率的统计。

三、其他故障

除技术故障和作战损伤以外，装备维修保障过程中，产生维修任务的情况还有人为故障、自然故障等。

人为故障主要是指人员在使用装备过程中，由于操作失误造成的装备损伤，也称为非责任故障。其不属于可靠性故障数据统计范围，但在试验过程中发现，车辆碰撞、误操作等行为在装备使用过程中发生的概率不可忽略。特别是在联合作战环境中，由于激烈的对抗导致的人员心理失稳，会增大人为故障的比例。因此，在统计装备维修任务时，需要考虑人为故障引起的维修任务。

自然故障主要是指装备在使用过程中由于落石、倾翻、陷落等自然因素导致的装备故障或损伤。现有的装备虽然在设计过程中考虑了温度冲击、湿热等环境适应性，但由于战场环境的多变性，环境的复杂性，导致装备的自然故障时有发生。在装备维修任务统计时，装备指挥人员需要根据作战样式、环境等综合评估装备自然故障率。

第二节　技术故障预计与统计

装备的技术故障，是由装备的固有属性和使用特性决定的，是贯穿装备全寿命的维修任务来源。装备的技术故障数据统计来源于实际试验或仿真试验，其试验环境与参战装备的使用环境有所不同，但在建模和仿真中，可将试验数据近似为战场数据。

一、技术故障模式与等级划分

（一）故障模式

故障模式是指故障的宏观表现形式和过程规律，一般可理解为故障的性质和类型。故障模式可以通过观察或测量得到，如断裂、锈蚀、脱落等。故障模式是故障现象的表现形式，与产生原因无关。故障模式可以从粗至细地分为多种级别，分析的层次一般应细至能满足决策分析为止。故障模式一般是对产品所发生的、能被观察或测量到的故障现象的规范描述。在分析产品故障时，一般是从产品故障的现象入手，通过故障现象（故障模式）找出原因和故障机理。故障模式不仅是故障原因分析的依据，也是以可靠性为中心的装备维修的基础。

常见的故障模式依其性质分为以下 6 种类型：

（1）损坏型故障模式，如断裂、碎裂、裂纹、变形、拉伤、龟裂等。

（2）退化型故障模式，如老化、变质、剥落、磨损、磨蚀、腐蚀等。

（3）松脱型故障模式，如松动、脱落等。

（4）失调型故障模式，如间隙不当、压力不当、行程不当、干涉、卡滞、调整不当以及设计加工因素造成的零部件功能不达标等。

（5）堵塞与渗漏型故障模式，如堵塞、气阻、渗气、漏油、漏水、漏气等。

（6）性能衰退型故障模式，如性能劣化、性能不稳、噪声或排放超标等。

需要指出的是，故障现象模式与故障原因模式有所区别。故障模式特指对影响装备功能实现和装备功能失效的现象进行的分类，而故障机理是对故障原因的分类。

（二）故障等级划分

从装备功能能否完成一个规定的任务考虑，将故障等级划分为严重等级故障、一般等级故障、轻微等级故障。对于任务剖面不明确，在战役后方使用的装备应指定可连续使用的限定时间。

1. 严重等级故障

严重等级故障是指造成装备主要性能严重下降，利用随机工具和技术力量或按照战场抢修方案在限定的时间内不能完成规定的一个任务剖面的故障。此时应该注意，即使某些故障对装备技术状态来说损坏的严重程度不大、维修的费用不高，如果其危害到装备操作人员的人身安全，造成任务失败，也应判定为严重等级故障。

2. 一般等级故障

一般等级故障是指造成装备性能一定程度的下降，但在限定的时间内不影响完成规定的任务剖面，而只需要一定程度的维修的故障。如果某项故障对装备的损害程度较大，但利用规定的维修方案能够完成一个任务剖面，应判定为一般等级故障。

3. 轻微等级故障

轻微等级故障是指装备的性能下降程度较小，不影响任务完成，任务完成后只需简单的维修即可修复的故障。在装备使用过程中发现的装备的技术状态与出厂时的设计和装配要求不符而需要更改的，即使对装备的性能影响较小的，也应视其维修保养或调整的难易程度判定为一般等级故障或轻微等级故障。

二、可靠性指标

按照 GJB 1909A、GJB 451A 等相关标准要求及其中给出的有关可靠性参数，结合装备的特点，确定采用的可靠性指标参数包括故障率、可达可用度、固有可用度、首次严重故障时间、平均故障间隔时间、平均预防性维修间隔时间、平均维修间隔时间、平均严重故障间隔时间、平均严重故障间的作业时间、使用寿命、首次大修前工作时间、大修间隔期、平均修复时间、平均预防维修时间、最大修复时间、维修工时率 16 项。

(1) 故障率。故障率也称失效率，是产品可靠性的一种基本参数，描述了故障在装备全寿命周期或其某一阶段内出现的概率。其度量方法一般为：在规定条件下和规定的期间内，装备系统的故障总数与试验时间总数之比。

(2) 可达可用度。与工作时间、修复性维修时间和预防性维修时间有关的一种可用性参数。其度量方法一般为：在规定的试验剖面内，装备的工作时间与工作时间、修复性维修时间、预防性维修时间的和之比。

(3) 固有可用度。与工作时间和修复性维修时间有关的一种可用性参数。其一种度量方法为：产品的平均故障间隔时间与平均故障间隔时间和平均修复时间的和之比。

(4) 首次严重故障时间。首次严重故障时间是指装备交付使用后第一次严重故障发生前的工作时间。

(5) 平均故障间隔时间。装备可靠性的一种基本参数，特别针对可修复产品。在规定的时间内，故障间隔时间的平均值。其度量方法为：在规定的试验剖面内，装备系统的任务总时间与故障总数之比。

(6) 平均预防性维修间隔时间。平均预防性维修间隔时间是与维修策略有关的可靠性参数。包括所有的保养、定期检测、定时修理、定期更换等维修工作类型的间隔时间。

(7) 平均维修间隔时间。平均维修间隔时间是一个综合考虑计划维修和非计划维修，与维修策略有关的一个可靠性参数。该参数仅适用于可修产品，属使用参数，应在使用阶段用演示试验或实际观测的方法进行评估。

(8) 平均严重故障间隔时间。与任务有关的一种可靠性参数。其度量方法为：在规定的一系列任务剖面中，产品任务总时间与严重故障总数之比。

(9) 平均严重故障间的作业时间。与任务有关的一种可靠性参数。其度量方法为：在规定的一系列任务剖面中，作业装置的工作总时间与其致命性故障总数之比。

（10）使用寿命。装备服役期内的工作总时间，是耐久性参数。装备系统使用到无论从技术上还是经济上考虑都不宜再使用，而必须大修或报废时的寿命单位数。

（11）首次大修前工作时间。装备从投入使用到首次大修的工作时间，是耐久性参数，是指在规定条件下，产品从开始使用到首次大修的寿命单位数，也称首次翻修期限。

（12）大修间隔期。在规定条件下，产品两次相继大修间的寿命单位数，也称翻修间隔期。

（13）平均修复时间。装备维修性的一种基本参数。其度量方法为：在规定的条件下和规定的时间内，装备在规定的维修级别上，修复性维修总时间与该级别上被修复的故障总数之比。

（14）平均预防维修时间。维修性的一种基本参数。其度量方法为：在规定条件下和规定的时间内，装备的预防性维修总时间与其预防性维修事件总数之比。该参数应针对某种类型的预防性维修（如中修、三级保养等）或在某个维修级别实施的预防性维修规定。

（15）最大修复时间。对于所有的故障类型，装备达到规定的功能恢复程度所需的修复性维修时间的最大值。

（16）维修工时率。与装备维修人力有关的一种维修性参数，是指装备系统每工作小时的维修工时。其度量方法为：在规定的寿命剖面内，所消耗的维修总工时数除以装备系统的总工作时间。

在有关标准中给出的常用参数的一般定义，由于各种装备的结构、原理以及运用和保障的方式、条件等区别较大，有时一般定义不能确切地反映装备系统的特点和实际使用情况。在确定具体装备系统的可靠性要求时，需要以装备使命任务及装备的使用等方面的特点为基础，根据具体型号的任务等确定可靠性参数，并给出具体定义，以准确地描述可靠性数据需求。里程与时间一样，都可以作为装备的寿命单位，平均故障间隔里程、平均严重故障间隔里程、平均预防性维修间隔里程、平均维修间隔里程等也可以作为装备的可靠性参数指标。

装备的技术故障指标一般选择平均维修间隔时间（MTBM）与平均故障间隔时间（MTBF）为战役主战装备的主要可靠性参数。

三、技术故障规律

人们在各种产品的使用和试验中得到大量数据，对它进行统计分析后，发现一般产品的失效率和时间 t 的关系往往有图 3-1 所示的曲线形式，这条曲线通常称为浴盆曲线。它明显地分为三段,对应着产品的三个时期:早期失效期、偶然失效期与耗损失效期。

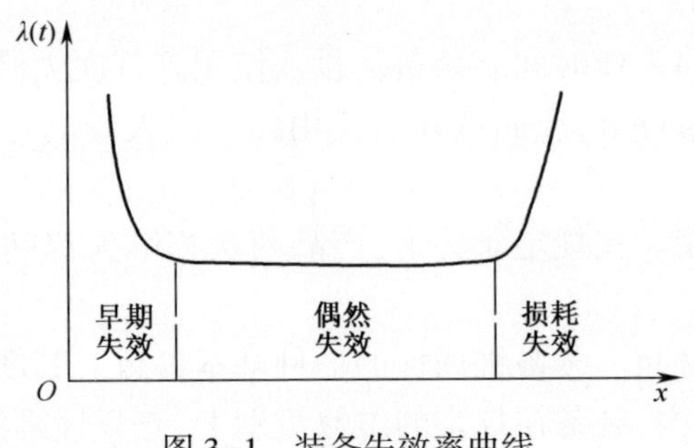

图 3-1 装备失效率曲线

1. 早期失效期

早期失效期的特点是失效率非常高,但随产品工作时间的增加,失效率迅速下降。这一阶段产品失效的原因主要是由于产品设计不妥、工艺不当、原料不纯或检验不严等原因造成的。如电容器由于介质混入导电微粒引起击穿;电子管部件因点焊不牢造成开路失效;电视机由于元器件筛选不严而开始使用时频繁出故障等。如果在生产过程中加强对设计的审查、原材料的检验,加强质量管理,不断提高操作人员的技术水平和责任心,那就可大大减少产品的早期失效率。

产品从早期失效期刚刚进入偶然失效期的时刻称为交付使用点。承研承制单位为尽快到达交付使用点,常采用合理的筛选技术和加负荷试验,或用其他的方法将这些有缺陷、不可靠产品尽早地剔除出去,使剩余的产品有较低的失效率,一旦达到交付使用点的失效率水平,产品就可出厂交付使用了。

2. 偶然失效期

偶然失效期也称随机失效期或稳定工作阶段,这是产品最良好的工作时期。这一阶段的特点是失效率较低,而且较稳定,近似于常数。在这一阶段内,产品失效常常是由多种因素造成,而每一种因素都不十分明显,因此失效纯属偶然。如果尽力做好产品的维护和保养工作,可延长这一阶段的时间。

3. 耗损失效期

耗损失效期出现在产品使用的后期,其特点是失效率随时间增加而上升。耗损失效主要是由于产品老化、疲劳、损耗造成的。

产品由偶然失效期进入耗损失效期的时刻称为更新点,一般在更新点之前,应及时更换即将进入耗损失效期的产品。

必须指出,并不是所有产品都具有典型的浴盆曲线。

四、技术故障预计方法

对可靠性这一重要的质量指标,只有定性的说明是远远不够的,必须要有定量的描述。只有这样才能对维修保障能力评估提供数据支撑,以对特定时间内发生的故障进行预测和评估,在使用中把握产品可靠性的现状与变化。技术故障的预计一般通过可靠度、失效度和失效分布函数来描述。

(一) 可靠度

产品在规定的条件下,规定的时间才内,能够完成规定功能的概率称为产品在时刻 t 的可靠度,记为 $R(t)$。

若产品发生故障,把不能完成其规定功能的时间称为产品的寿命 T,则“产品在规定条件下,规定的时间 t 内,能够完成规定功能”这一事件可表示为“$T>t$”。由于产品在使用或储存中发生故障的时间,即寿命 T 是个随机变量,所以产品的可靠度 $R(t)$,就是事件“$T>t$”的概率,即

$$R(t) = P(T > t) \tag{3-1}$$

因概率最大值为 1,最小值为 0,所以 $0<R(t)<1$。

由于产品随着使用或储存时间的增长,元器件不断老化,原材料不断变质,机件不断磨损,其故障必然随之增多,因此产品的可靠度总是随时间递增而不断降低的,故 $R(t)$ 是 t 的递减函数。

如 $t=0$ 时有 N 件产品开始工作,到时刻 t 共有 $n(t)$ 件发生故障,还有 $N-n(t)$ 件继续工作,若发生故障的产品不进行更换或修理,则这批产品的可靠度为

$$R(t) \approx \frac{N - n(t)}{N} \tag{3-2}$$

式中:N 为仪试产品的总数;$n(t)$ 为 $(0,t)$ 内累积故障产品数。

按式(3-2)计算的可靠度,称为统计可靠度或经验可靠度。

(二) 不可靠度或失效分布函数

产品在规定条件下,规定时间内,不能完成规定功能的概率,称为不可靠度或失效分布函数,记为 $F(t)$。

同样,“产品在规定的条件下,规定的时间 t 内,不能完成规定功能”这一事件可表示为“$T<t$”。这一事件的概率就是产品的不可靠度,即

$$F(t) = P(T \leqslant t) \tag{3-3}$$

不可靠度反映了产品在 t 时刻以前的累积失效情况,所以不可靠度就是 t 时刻

的失效概率。由于 $P(T \leq t)$ 在概率论中表示随机变量 T 的分布函数(T 是产品的寿命),即发生失效的时间,因此,不可靠度也称失效分布函数和故障分布函数。

$F(t)$ 的最大值为 1,最小值为 0,即

$$0 \leqslant F(t) \leqslant 1 \tag{3-4}$$

"不可靠"与"可靠"是对立事件,所以不可靠度随时间的变化规律与可靠度相反,$F(t)$ 是递增函数。

$$F(t) = P(T \leqslant t) = 1 - P(T > t) = 1 - R(t) \tag{3-5}$$

即 $F(t)+R(t)=1$。

$F(t)$ 与 $R(t)$ 一样也可用频率来近似计算。若 $t=0$ 时有 N 件产品投入试验,到 t 时刻有 $n(t)$ 件已失效,则这批产品的不可靠度为

$$F(t) \approx F_n(t) = n(t)/N \tag{3-6}$$

式中:$F_n(t)$ 为 t 时刻累积失效频率,称为统计不可靠度或经验失效分布函数。

(三)失效密度函数与失效率

1. 失效密度函数

当失效分布函数 $F(t)$ 连续可异时,$F(t)$ 对时间的导数,称为失效密度函数,记为 $f(t)$。

$$f(t) = \mathrm{d}F(t)/\mathrm{d}t \tag{3-7}$$

失效密度函数是表示在时刻 t 后的一个单位时间内,产品的故障数与产品总数之比,是 t 时刻失效的变化速度。

实际中为求得失效密度函数,一般都采用统计所得数据得到的经验失效密度函数表示:

$$f(t) \approx f_n(t) = \Delta F(t)/\Delta t \tag{3-8}$$

因为,$F(t) \approx F_n(t) = n(t)/N$

$F(t+\Delta t) \approx F_n(t+\Delta t) = n(t+\Delta t)/N$

$$\Delta F(t) = F(t+\Delta t) - F(t) \approx \frac{n(t+\Delta t) - n(t)}{N} = \frac{\Delta n(t)}{N}$$

所以

$$f(t) \approx f_n(t) = \Delta n(t)/N\Delta t \tag{3-9}$$

式中:N 为投试产品总数;$n(t)$ 为 $(0,t)$ 内发生的失效数;$n(t+\Delta t)$ 为 $(0,t+\Delta t)$ 内发生的失效数;$\Delta n(t)$-$(t,t+\Delta t)$ 内发生的失效数。

同时,

$$\mathrm{d}F(t) = f(t)\,\mathrm{d}t \tag{3-10}$$

$$F(t)=\int_0^t f(t)\,\mathrm{d}t \tag{3-11}$$

2. 失效率

产品失效率是可靠性理论中的重要概念之一，在实践中，又是产品可靠性的重要指标，不少产品（主要是元器件）就是用失效率的大小来确定其等级的。

已工作到时刻 t 的产品，在时刻 t 后单位时间内发生失效的概率称为该产品在时刻 t 的失效率。显然，它是 t 的函数，故称为产品的失效率函数，简称失效率，记为 $\lambda(t)$。

$$\lambda(t)\approx\frac{\Delta n(t)/(N-n(t))}{\Delta t}=\frac{\Delta n(t)}{(N-n(t))\Delta t} \tag{3-12}$$

由式(3-12)可知，失效率状 $\lambda(t)$ 反映了在时刻 t 后的一段时间 Δt 内，产品在单位时间内的平均失效数 $\Delta n(t)/\Delta t$ 占时刻 t 时仍正常的产品数 $N-n(t)$ 的比例。

也可以表示为

$$\lambda(t)=\lim_{\Delta t\to 0}\frac{P(t<T\leqslant(t+\Delta t)\mid T>t)}{\Delta t} \tag{3-13}$$

由条件概率和事件的逻辑关系可以得出

$$\lambda(t)=\lim_{\Delta t\to 0}\frac{F(t+\Delta t)-F(t)}{\Delta t}\cdot\frac{1}{1-F(t)}=\frac{F'(t)}{1-F(t)} \tag{3-14}$$

也可以表示为

$$f(t)=F'(t)=\lambda(t)\exp\left(-\int_0^t\lambda(t)\,\mathrm{d}t\right) \tag{3-15}$$

（四）常用失效密度函数

产品寿命 T 的分布称为产品的失效分布（或寿命分布）。由于产品的失效机理不同，其失效分布也可能不同。本节介绍几个常用连续型的失效分布及其主要可靠性数量特征。

1. 指数分布

若产品寿命 T 的概率密度函数（即失效密度函数）为

$$f(t)=\begin{cases}\lambda\mathrm{e}^{-\lambda t} & t\geqslant 0\\ 0 & t<0\end{cases}\quad(\lambda>0) \tag{3-16}$$

即

$$f(t)=\lambda\mathrm{e}^{-\lambda t}(t\geqslant 0,\lambda>0) \tag{3-17}$$

称 T 服从参数为 λ 的指数分布。

如果 T 服从参数为 λ 的指数分布，则有

失效分布函数为

$$F(t)=1-e^{-\lambda t}(t \geqslant 0, \lambda>0) \tag{3-18}$$

可靠度函数为

$$R(t)=e^{-\lambda t}(t \geqslant 0, \lambda>0) \tag{3-19}$$

失效率函数为

$$\lambda(t)=\frac{f(t)}{R(t)}=\frac{\lambda e^{-\lambda t}}{e^{-\lambda t}}=\lambda \tag{3-20}$$

2. 威布尔分布

指数分布的失效率为常数,使它的应用受到了限制。实际上不少产品的失效率可能是递增,也可能是递减的,因此引入威布尔分布。

若产品寿命 T 的失效密度函数为

$$f(t)=\begin{cases}\dfrac{m}{t_0}(t-\gamma)^{m-1} e^{-\frac{(t-\gamma)^m}{t_0}} & (t>\gamma) \\ 0 & (t \leqslant \gamma)\end{cases} \tag{3-21}$$

其中,$m>0$、$t_0>0$、γ 都是常数,则 T 服从参数为 m、t_0、γ 的威布尔分布。参数 $m>0$ 称为形状参数;$t_0>0$ 称为尺度参数;γ 称为位置参数。

常见的威布尔分布 $\gamma=0$,于是

$$f(t)=\frac{m}{t_0} t^{m-1} e^{-\frac{t^m}{t_0}} \quad(t>0) \tag{3-22}$$

令 $t_0=\eta^m, \eta>0$

则

$$f(t)=\frac{m}{\eta}\left(\frac{t}{\eta}\right)^{m-1} e^{-\left(\frac{t}{\eta}\right)^m} \quad(t>0) \tag{3-23}$$

此时,称 T 服从 m、η 的威布尔分布,且记为 $T \sim W(m, \eta)$。

失效分布函数为

$$F(t)=1-e^{-\left(\frac{t}{\eta}\right)^m} \quad(t>0) \tag{3-24}$$

可靠度函数为

$$R(t)=1-F(t)=e^{-\left(\frac{t}{\eta}\right)^m} \quad(t>0) \tag{3-25}$$

失效率函数为

$$\lambda(t)=\frac{f(t)}{R(t)}=\frac{\dfrac{m}{\eta}\left(\dfrac{t}{\eta}\right)^{m-1} e^{-\left(\frac{t}{\eta}\right)^m}}{e^{-\left(\frac{t}{\eta}\right)^m}}=\frac{m}{\eta}\left(\frac{t}{\eta}\right)^{m-1} \quad(t>0) \tag{3-26}$$

当 $m<1$ 时,威布尔分布的失效率函数是单调下降的;当 $m=1$ 时,失效率函数为常数;当 $m>1$ 时,失效率函数是单调上升的。因此,一些产品在早期失效期、偶

然失效期与耗损失效期内的失效分布，往往可用不同值的威布尔分布近似表示。

威布尔分布还可从最弱环模型导出。最弱环模型是指，在一条由若干个金属环组成的链条两端施加拉力，当拉力达到某个强度时，链条中一个强度最弱的金属环断裂，整个链条也就断裂，则链条的寿命就等于各金属环中强度最弱金属环的寿命。理论推导与大量实践表明，凡因某一局部失效或故障就引起全局丧失功能的元件、器件、设备或系统的寿命，可认为是服从威布尔分布的。因此，它的应用范围很广。

3. 正态分布

正态分布可记为 $X \sim N(\mu,\sigma^2)$，它广泛用于描述工艺误差、测量误差、射击误差、电子设备的参数漂移等，也可描述机械磨损等故障的分布情况。

失效密度函数为

$$f(t)=\frac{1}{\sqrt{2\pi}\,\sigma}\exp\left(-\frac{(x-\mu)^2}{2\sigma^2}\right)=\frac{1}{\sigma}\varphi\left(\frac{t-\mu}{\sigma}\right) \tag{3-27}$$

式中：$\varphi(x)$ 为标准正态分布的概率密度函数。

失效分布函数为

$$F(t)=\frac{1}{\sqrt{2\pi}\,\sigma}\int_{-\infty}^{t}\mathrm{e}^{-\frac{(x-\mu)^2}{2\sigma^2}}\mathrm{d}x=\Phi\left(\frac{t-\mu}{\sigma}\right) \tag{3-28}$$

式中：$\Phi(x)$ 为标准正态分布函数。

可靠度函数为

$$R(t)=1-F(t)=1-\Phi\left(\frac{t-\mu}{\sigma}\right) \tag{3-29}$$

失效率函数为

$$\lambda(t)=\frac{f(t)}{R(t)}=\frac{\dfrac{1}{\sigma}\varphi\left(\dfrac{t-\mu}{\sigma}\right)}{1-\Phi\left(\dfrac{t-\mu}{\sigma}\right)} \tag{3-30}$$

另外，若随机变量 X 服从正态分布，则 $T=\mathrm{e}^X$ 服从的分布称为自然对数正态分布（简称为对数正态分布），记为 $T\sim LN(\mu,\sigma^2)$。

不同装备的失效机理和失效规律不同，可能具有不同的失效分布函数，但技术故障统计的基本思路和方法是一致的：一是通过经验选择装备失效函数，或者利用试验等相关数据构造失效函数，从而得出装备在特定时间范围的失效率；二是通过对不同失效率装备进行分类，按照时间节点，分别统计总故障数；三是根据故障等级划分标准和相关数据，确定故障等级比例；四是汇总装备故障总数和各级故障数量，明确由技术故障引起的维修保障任务量。

第三节　作战损伤预计与统计

作战损伤是装备维修保障的重点和难点，也是装备维修的起点。了解装备作战损伤概率和损伤类型，选择合适的预计与统计方法是开展装备维修建模和仿真的一个重要参考。

一、战场损伤等级划分

作战损伤是指装备在作战过程中，被武器击中或不适应作战环境，造成影响功能正常发挥的事件。为对装备作战损伤情况进行准确把握，可以根据装备的受损程度，对受损装备进行分级。

作战损伤等级划分是在装备作战损伤后，迅速确定损伤部位与程度、现场可否修复、修复时间和修复后的作战能力，确定修理场所、方法、步骤和应急修理需求资源的基础，也是装备维修任务建模的输入设计环节之一。不同种类装备的损伤等级分类标准有所不同，对作战损伤而言，等级可以分为轻度损伤、中度损伤、重度损伤和报废四个等级。

轻度损伤主要是指三种损伤：一是不影响任务完成，不需要抢修装备；二是驾驶员和随车乘员使用随机工具在一定时间内可现场修复装备；三是野战维修分队使用规定工具（含规定零部件）进行现地维修装备。

中度损伤是指不在轻度损伤范围内，且符合以下两种情况的损伤属于中度损伤。一是需要战场抢救，野战维修分队能够在规定时间内定点修复的损伤装备；二是在定点维修机构可以修复，但需要更换的零部件较多，在规定时间以上时间内修复的损伤装备。

重度损伤是指不属于轻度和中度损伤范围，且符合以下情况的损伤装备：一是基地级修理机构在后方保障基地才能修复的损伤装备；二是装备主要部件损坏严重、消耗器材较多，且修复时间超过规定时间的损伤装备。

报废是指不属于轻度、中度和重度损伤范围，且符合以下情况的，可以判定为报废：一是基地级修理机构无法修复的；二是没有修复价值的。

二、作战损伤模式及规律

装备在一定作战样式的不同作战阶段，各种毁伤程度战损装备的比率、遭受各种武器攻击时装备各部位的被弹概率、装备被各种武器弹药命中后的部件毁伤概率以及装备毁伤程度的定量评估等共同构成了装备作战损伤的基本规律。

在装备维修建模和仿真中,我们以毁伤模式的方式描述各类装备的战损规律。所谓毁伤模式,就是根据威胁弹药对装备各部组件的毁伤情况所进行的区分,包括各类装备不同被弹部位在各个毁伤程度下的毁伤部件组合。

不同威胁弹药对装备的战损程度不同,在研究中我们将威胁弹药分为以下三类:①穿甲弹类;②破甲弹类(含导弹和地雷);③杀伤爆破榴弹类(含末制导炮弹和各种口径的普通榴弹)。

装备不同部位的部件和易损性不同,当受到攻击时其战损部件组合也不同。按照装备的结构特点,国内许多研究者将装备分成不同部位研究,如坦克分为正面、侧面、后面、底面、顶面五个部位。由于部件之间具有空间关联关系,当某部件发生战损时,其临近的部件也可能同时被毁伤,因此装备的具体毁伤部件往往是几个毁伤部件的组合。对于每个部位,可以根据战损规律所给出的部件毁伤概率和部件之间的结构关联关系来合理组合部件。

装备维修保障能力建模和仿真对于装备战损的估计可以根据不同作战类型中,不同种弹药对不同装备的毁伤预计成果,通过轻损率、中损率、重损率、报废率来体现装备维修任务量。

三、作战损伤统计法

以武器装备系统完成射击任务的能力评估为例,完成射击任务基本上可看作是由两个事件所组成的:一个是使战斗部作用于目标的命中事件;另一个是在战斗部作用于目标条件下使目标毁伤的毁伤事件。系统能力足够实现前一事件的概率称为命中概率 P_H;系统能力足够实现后一事件的概率称为武器装备系统对目标的条件毁伤概率或毁伤率 G。若将 P_d 表示为武器装备系统完成射击任务的能力指标,则根据条件概率公式,有

$$P_d = P_H \times G$$

式中:命中概率 P_H 和毁伤率 G 是武器装备系统的基本效能参数。

(一) 命中概率

命中概率 P 是衡量在给定射击条件下战斗中命中目标或达到目标可杀伤区可能性大小的量度,它反映武器装备系统的射击精确度。

射击精确度取决于战斗部炸点或弹着点相对目标中心的偏差。这个偏差是随机变量,一般认为它服从正态分布规律。在平面目标情形下,设坐标原点为目标中

心。弹着点偏差用侧向量偏差坐标 X 与射击偏差坐标 Y 表示，则随机变量 X,Y 的联合概率密度函数为

$$f(x,y)=\frac{1}{2\pi\sigma_x\sigma_y\sqrt{1-r^2}}\exp\left\{-\frac{W}{2(1-r^2)}\right\} \tag{3-31}$$

其中，

$$W=\frac{(x-m_x)^2}{\sigma_x^2}-\frac{2r(x-m_x)(y-m_y)}{\sigma_x\sigma_y}+\frac{(y-m_y)^2}{\sigma_y^2}$$

式中：m_x、m_y 为弹着点偏差坐标 X、Y 的数学期望，即 $m_x=E[X]$，$m_y=E[Y]$；σ_x、σ_y 为弹着点偏差坐标的标准偏差或均方根偏差，即 $\sigma_x^2=E\{X-E[X]\}^2$，$\sigma_y^2=E\{Y-E[Y]\}^2$；r 为 X 与 Y 的相关系数。

$F(x,y)$ 的图形为一曲面，曲面的顶峰的投影点坐标为 (m_x,m_y)，显然可知，平行于 xOy 平面的平面与分布曲面的交线是一个椭圆，如图 3-2 所示。椭圆在 xOy 平面上的投影曲线代表在一定概率下落点的散布范围，且曲线上各点的概率密度相同。一般称此投影椭圆为等概率密度椭圆或散布椭圆。椭圆的长、短半轴 $O'\eta$、$O'\zeta$ 为主散布轴，椭圆的中心 O' 为散布中心。

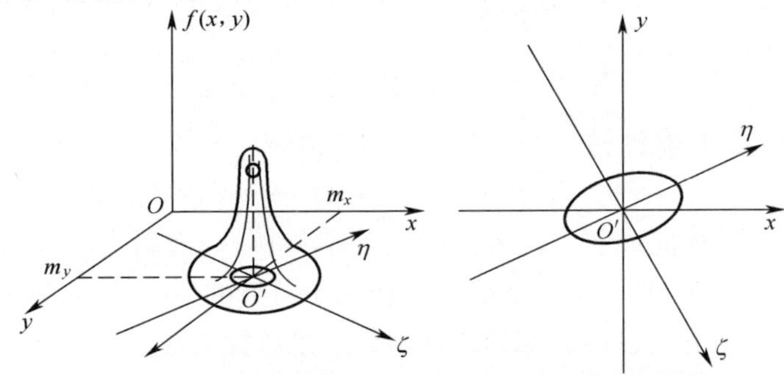

图 3-2　侧向偏差与射向偏差的联合概率密度函数分布

当坐标轴 $O'x$、$O'y$ 与主散布轴平行时，射向与侧向散布相互独立，概率密度表达式中的相关系数 $r=0$。于是

$$f(x,y)=f(x)f(y)=\frac{1}{2\pi\sigma_x\sigma_y}\exp\left\{-\frac{(x-m_x)^2}{2\sigma_x^2}-\frac{(y-m_y)^2}{2\sigma_y^2}\right\} \tag{3-32}$$

其中，

$$f(x)=\frac{1}{\sqrt{2\pi}\,\sigma_x}\exp\left\{-\frac{(x-m_x)^2}{2\sigma_x^2}\right\}$$

$$f(y)=\frac{1}{\sqrt{2\pi}\,\sigma_y}\exp\left\{-\frac{(y-m_y)^2}{2\sigma_y^2}\right\}$$

此时,密度函数取决于 m_x、m_y、σ_x、σ_y。

根据 $f(x,y)$ 即可计算弹着点 M 位于 xOy 平面给定区域 S 的概率:

$$P_{\mathrm{H}} = P(M \in S) = \iint_S f(x,y)\,\mathrm{d}x\mathrm{d}y \tag{3-33}$$

为使用方便,一般常用概率密度函数的参数 m_x、m_y、σ_x、σ_y 以及由它们派生的有关参数作为武器装备系统的精确度指标。这些参数有明显的物理意义,而且由这些参数可唯一确定概率密度函数,进而求出命中概率。

常用的武器装备系统精确度指标有以下几种。

1) 弹着点偏差坐标的数学期望 m_x、m_y

m_x、m_y 是弹着点散布中心或平均弹着点相对目标中心的偏差。在同一射击条件下的各次射击中一直存在,因而是系统偏差。但这个偏差也会随射击条件不同而不能完全消除。这个指标一般用来衡量武器的射击准确度。

2) 弹着点偏差坐标的标准偏差 σ_x、σ_y

在同一射击条件下,各次射击弹着点相对散布中心产生随各次射击而异的随机偏差,形成弹着点的散布。由 $\sigma_x^2 = E\{X - E[X]\}^2$,$\sigma_y^2 = E\{Y - E[Y]\}^2$ 知,σ_x、σ_y 分别是弹着点相对散布中心的散布程度,可作为衡量武器射击密集度的指标。

3) 弹着点偏差坐标的公算偏差或概率偏差 E_x、E_y

决定 E_x 的条件是

$$P(|x - m_x| < E_x) = 0.5$$

在一般情况下,$P(|x - m_x| < 4E_x)$ 的概率是 0.993,所以一般也可认为 4 倍概率偏差是最大偏差。在二维情况下,$P(|x - m_x| < 4E_x, |y - m_y| < 4E_y)$ 的概率是 0.986,因而一般也把 8 倍概率偏差的矩形当作弹着点散布区。

4) 圆概率误差半径 CEP

CEP 是以散布中心为圆心,落入概率为 0.5 的圆半径。落入半径为 r 的圆域 S_r 内的概率可以按照下式计算:

$$P(x) = \iint_{S_r} f(x,y)\,\mathrm{d}x\mathrm{d}y \tag{3-34}$$

将密度函数代入式(3-34),并进行积分,即可计算出 CEP。

(二) 毁伤率

毁伤率是武器装备系统在攻击敌方目标的条件下,对目标的条件毁伤概率。它取决于目标的易损性和武器战斗部的威力。根据战斗部(导弹、炮弹等)对目标的毁伤机制,毁伤率可分为两大类:当战斗部必须直接命中目标才能予以毁伤时,毁伤概率是命中目标的战斗部数量的函数,这时的毁伤率称为命中毁伤率;当战斗部达到目标附近（目标可毁伤区）也能毁伤目标时，毁伤概率是战斗部炸点坐标的函数，这时的毁伤率称为坐标毁伤率。

1. 坐标毁伤率

坐标毁伤率描述战斗部到达目标附近而毁伤目标的条件毁伤概率。

设某武器装备在攻击目标时发射了 n 发战斗部，且第 i 发战斗部在 (x_i, y_i) 点爆炸时的目标毁伤概率为 $G_i(x_i, y_i)$。若各发对目标的毁伤作用互相独立，即无毁伤积累，则目标被 n 发战斗部在 n 个点 $(x_1, y_1), (x_2, y_2), \cdots, (x_n, y_n)$ 爆炸所毁伤的条件概率为

$$G_n(x_1, y_1; x_2, y_2; \cdots; x_n, y_n) = 1 - [1 - G_1(x_1, y_1)] \times [1 - G_2(x_2, y_2)] \times \cdots \times [1 - G_n(x_n, y_n)] \tag{3-35}$$

若所有 n 发战斗部都在同一点 (x, y) 临近爆炸，则

$$G_1(x_1, y_1) \approx G_2(x_2, y_2) \approx \cdots \approx G_n(x_n, y_n) \approx G_1(x, y) \tag{3-36}$$

于是

$$G_n(x, y) \approx 1 - [1 - G_1(x, y)]^n \approx 1 - \exp(-nG_1(x, y)) \tag{3-37}$$

式（3-37）可以用来计算杀伤弹射击目标的毁伤率。此时，n 是爆炸时击中目标的弹片数，而 $G_1(x, y)$ 是杀伤弹在 (x, y) 点爆炸时，一块弹片毁伤目标的概率。与上述平面情况类似，可得到空间坐标毁伤率 G_n 的公式。

坐标毁伤率随远距毁伤机制的不同而有不同特征。当远距毁伤是由于战斗部爆炸的直接作用（如冲击波）造成时，在目标周围可确定一肯定毁伤区。爆炸点在此区域内的毁伤率 $G_1(x, y, z) = 1$；在此区域外的毁伤率 $G_1(x, y, z) = 0$。当远距毁伤是由于战斗部的破片造成的，在目标的肯定毁伤区外还存在一个危险区，爆炸点在此区域内的毁伤率 $G_1(x, y, z)$ 将随炸点远离目标而逐渐减小到零。

2. 命中毁伤率

命中毁伤率描述武器装备的战斗部在直接命中目标时才可能毁伤目标的条件毁伤概率。如果用 m 表示命中目标的战斗部发数，那么，这一条件毁伤概率可以表示为命中数 m 的函数 $G(m)$。

假设在垂直于相对弹道的平面上，目标的投影面积为 s，目标致命部位的投影面积为 s_i，若弹着点在面积 s 内呈均匀分布，目标尺寸较战斗部的散布小，则单发命中目标时击毁目标概率为

$$G(1) \approx s_i / s = r \tag{3-38}$$

若各发导弹击中目标是相互独立的事件，且没有损伤累积（即目标各个部位易毁性差别比较大，对某部位，只需要击中一发就能被击毁），则 m 发命中目标的击毁概率为

$$G(m) = 1 - (1 - r)^m \tag{3-39}$$

此时,上述命中毁伤率又被称为指数毁伤率。

为简便起见,常用平均必须命中数 ω 来代替毁伤率,以描述目标的易损性,有

$$\omega = E[X] \tag{3-40}$$

式中:X 为击毁目标所需要的战斗部命中数;ω 为击毁目标平均需要命中的发数。

可以证明

$$\omega = \sum_{m=0}^{\infty}[1 - G(m)] \tag{3-41}$$

以上论述了如何把武器装备系统毁伤能力指标分解为命中概率和毁伤率这两个指标参数的问题。一旦定义了构成能力指标的各个参数,就可以对毁伤率参数进行评估。

一般说来,作战损伤统计法是提供了一种装备损伤概率。在作战仿真过程中,可以根据这一概率产生随机的作战损伤,并由系统统计进行分析。即作战损伤统计分析方法一般与计算机作战仿真相结合,通过系统来统计由于战损导致的维修任务量。

四、作战损伤解析方法

作战损伤的解析法主要是指指数法。指数方法应用于经济领域已有多年,主要是作为统计中反映各个时期社会现象变动情况的指标。指数就是把所感兴趣的数据化为可以对比的相对于同一个量(或基础)的数字。主要优点是作为一种简明的统计度量方法,可以从相对值和绝对值上全面说明描述对象的内涵,使人一目了然。

(一) 相关定义

考虑作战单元轻度损伤、中度损伤、重度损伤和报废四种损伤类型,为建立其战损模型,给出以下定义。

1. 战役作战单元的战损率 c_d

战损率 c_d 定义为在战役持续时间中,战役作战单元中因战斗原因而发生损伤的装备数量占总装备数量的百分比。其中轻度损伤(简称轻损)、中度损伤(简称中损)、重度损伤(简称重损)和报废的占比分别为 c_{d1}、c_{d2}、c_{d3}、c_{d4},则

$$c_{d1} = N_{d1}/N \times 100\% \tag{3-42}$$

$$c_{d2} = N_{d2}/N \times 100\% \tag{3-43}$$

$$c_{d3} = N_{d3}/N \times 100\% \tag{3-44}$$

$$c_{d4} = N_{d4}/N \times 100\% \tag{3-45}$$

式中:N 为战损装备总数;c_{d1}、c_{d2}、c_{d3}、c_{d4}分别为轻损、中损、重损和报废装备数。

2. 战斗力 P

战役作战单元的战斗力 P 定义为战役作战单元实施和完成战役作战行动的综合能力,主要由主战装备数量 N、主战装备质量 Q、人员因素等对战斗力加权 P 等参数共同决定。得到

$$P = N \times Q \times P \tag{3-46}$$

设战役交战双方分别为红方和蓝方,其中红方有 m 个战役作战单元,定义其 d 战斗力为 P_R,对于第 i 个战役作战单元,定义其战斗力为 P_{Ri},主战装备数量为 N_{Ri},主战装备质量为 Q_{Ri},人员等因素加权为 R_{pi};蓝方有 n 个战役作战单元,定义其总战斗力为 P_B,对于第 j 个战役作战单元,定义其战斗力为 P_{Bj},主战装备数量为 N_{Bj},主战装备质量为 Q_{Bj},人员等因素加权为 B_{pj},则

$$P_R = \sum_{i=1}^{m} N_{Ri} Q_{Ri} R_{pi} \tag{3-47}$$

$$P_B = \sum_{i=1}^{n} N_{Bi} Q_{Bi} B_{pi} \tag{3-48}$$

双方战斗力比为

$$r_{RB} = \frac{P_R}{P_B} \times 100\% = \frac{\sum_{i=1}^{m} N_{Ri} Q_{Ri} R_{pi}}{\sum_{i=1}^{n} N_{Bi} Q_{Bi} B_{pi}} \times 100\% \tag{3-49}$$

因此,r_{RB}是影响双方战损率的决定性因素之一。

战斗力指数是解析法的核心。现阶段军事领域包含许多计算战斗力指数的方法,如杜佩方法、邓尼肯方法、泰勒方法和兰彻斯特方法等。现以兰彻斯特方法为例,简要分析装备战损量的计算过程。

(二) 兰彻斯特方法

兰彻斯特(Lanchester)方程是 1914 年英国工程师 F. W. 兰彻斯特在英国工程杂志上发表的一系列论文中提出的,是在一些简化假设前提下,建立的一系列描述交战双方兵力变化数量关系的微分方程。第二次世界大战后,人们根据现代作战的实际情况,一直在从不同角度对兰彻斯特方程进行改进和扩展,兰彻斯特方程与计算机作战模拟相结合所构成的各种作战模型,在军事决策的各有关领域得到了广泛应用,特别是在预计装备战损量,进而预计装备保障力量需求方面有广泛的应用。

1. 影响装备战损因素

装备战损的影响因素是多方面、多层次、多角度的。在诸多影响因素中,有对

战损产生重要影响的主要因素,也有起一定约束作用的次要因素,以及不可准确预测的随机因素。因此,在具体预测某一次作战的装备战损情况时,必须依据特定的作战环境,把握该次作战中影响装备战损的主要和次要因素,并对这些因素进行综合权衡,体现在所选用的模型中,从而得到较为科学和可靠的预测结果。

1)作战类型与样式因素

作战类型及样式直接决定着装备在战场上的运用环境、敌我双方兵力、兵器对比、作战持续时间及激烈程度,它是影响装备战损的主导因素,也是装备战损量预测的重要依据。一般来说,就作战类型而言,进攻作战的装备战损率(在一次作战行动结束后或一定作战时间内,武器装备损失数与参战的武器装备总数的比值,通常用百分比表示)高于防御战役;就一种作战类型而言,不同作战样式的装备战损率不同;就同一作战样式而言,主要作战方向上的军团或部队的装备战损率高于次要作战方向上军团或部队的装备战损率。

2)兵力、兵器数质量因素

作战中敌我兵力、兵器数质量是重要的影响装备战损的因素。首先,根据“兰彻斯特战斗—理论”中“兰彻斯特平方率”所揭示的集中兵力作战的重要原则,若A方兵力为B方的N倍,则为了保持实力相当,B方成员平均效能必须是A方的N^2倍。因此若在作战指挥中遵守集中兵力的原则,双方成员的作战平均效能又基本相当,则兵力少的一方装备战损率要高得多。其次,参战装备技术性能和可靠性是武器装备内在因素。它的发现力、机动性、攻击力、防护力好坏直接关系到未来战场上装备的生存能力,属于武器装备战损先天决定因素。

除此之外,作战地区的自然环境(地形、道路、能见度、湿度、气候条件等)是装备在战场运用时的外在条件,它们对装备的战损也产生一定影响。同时,战争的要素是人、装备以及两者的结合。信息化军事装备的出现,不仅不可能,也不会改变人与武器、人与战争的关系,反而增强了它们对人的依赖性。如果人的指挥水平很差,技能很差,就不可能使信息化军事装备发挥应有的作用,就不可能使信息化保障装备形成强大的保障能力,进而会造成装备的大量损伤。装备战损还受到一些其他因素的影响,如作战态势、作战持续时间和激烈程度;双方对对方目标的监视能力;敌人的打击破坏手段、程度;己方隐蔽手段有效程度和防护工程设施坚固程度;民众支持程度等。

2. 战损预测模型

信息化战争条件下,影响装备战损的因素越来越多,对战损量的估价越来越复杂,需要寻求一种预计装备战损量的方法,可以综合考虑影响战损的各种因素,并能够较好地结合现代信息化条件下的作战特点,得到较为准确的预计结果。目前,装备战损量的预计主要有经验推算法、理论计算法和模拟计算法三种方法。预计方法的角度主要有两种：一种是按装备的类别分类计算，并且直接计算装备的战损率；二是从宏观的角度出发，跳出对单种装备战损率的讨论，以参战某一建制部队（战斗单位）为研究单位，经验推算和模拟计算相结合，采取描述多兵种作战的兰彻斯特方程的简化形式，并根据现有的经验和理论数据来确定修正方程毁伤系数的指数，由此预计装备战损量的模型。现以第二种方法为例进行简要描述。

在建立模型前首先要明确一些基本的前提和假设。

（1）双方都为多军兵种联合作战，无重大的指挥失误，在给定的限制条件下，“最佳”地进行武器、目标分配，使作战的效果最好。

（2）简化火力毁伤过程的运动、目标捕获、目标选择分配以及损耗等子过程，而是对它们按作战单位进行聚合描述，只考虑一类战斗单位对另一类战斗单位的毁伤能力。

（3）同一战斗方、同一种类、同一级别战斗单位的作战效能相当，即考虑平均作战效能。

（4）计算时各种影响装备战损的因素都为综合指标，认为对各类战斗单元所起作用是相当的。

（5）某一战斗单元战损后相当于其全部实力消耗殆尽，装备全部战损。

这里的装备战损量预计模型是一种确定性的解析模型。它把每一方具有不同作战能力的诸战斗成员或战斗单元聚合为一个战斗单位群，用一组方程描述其在火力毁伤过程中，战斗单位数随时间的演化过程。这种构模思想起源于兰彻斯特方程，但又根据具体的构模要求，在数学结构上对经典的兰彻斯特方程做了很多改进和发展。

假设交战的 $\boldsymbol{X}$、$\boldsymbol{Y}$ 双方各有 m 和 n 类战斗单元，分别用向量 $\boldsymbol{X}$ 和 $\boldsymbol{Y}$ 表示：

$$\boldsymbol{X} = (x_1, x_2, \cdots, x_m)^{\mathrm{T}}$$

$$\boldsymbol{Y} = (y_1, y_2, \cdots, y_n)^{\mathrm{T}}$$

式中：x_i 为 X 方第 i 类战斗单元的数量；y_i 为 Y 方第 j 类战斗单元的数量。

多元兰彻斯特方程的微分形式如下：

$$\begin{cases} \dfrac{\mathrm{d}X_i(t)}{\mathrm{d}t} = \displaystyle\sum_{j=1}^{n} (-\beta_{ij}\psi_{ij}Y_j(t) + K) \\ \dfrac{\mathrm{d}Y_j(t)}{\mathrm{d}t} = \displaystyle\sum_{i=1}^{m} (-\alpha_{ji}\varphi_{ji}X_i(t) + L) \end{cases} \quad (i = 1,2,\cdots,m; j = 1,2,\cdots,n) \tag{3-50}$$

式中：$X_i(t)$ 和 $Y_j(t)$ 为敌我双方在战斗 t 时刻武器装备的等效单位（某一建制部队，其含义为该部队装备的集合）；K、L 分别为我方和敌方各战斗单元装备补充量；

β_{ij}为 Y 方每个第 j 类战斗单元对 X 方第 i 类战斗单元的条件毁伤率；α_{ji}为 X 方第 i 类战斗单元对 Y 方每个第 j 类战斗单元的条件毁伤率；Ψ_{ij}为 Y 方第 j 类战斗单元用于攻击 X 方第 i 类战斗单元的比例；φ_{ji}为 X 方第 i 类战斗单元用于攻击 Y 方每个第 j 类战斗单元的比例。

则有

$$\begin{cases}\alpha_{ij} = W_{Di}\prod_{i=1}^{k}P_i / W_{Dj}\prod_{i=1}^{k}P'_i \\ \beta_{ji} = 1/\alpha_{ij}\end{cases} \tag{3-51}$$

式中：W_{Di}、W_{Dj}分别表示 i 类和 j 类战斗单位的战斗力指数；一般情况，$k=5$，P_1、P'_1表示作战类型与样式指数；P_2、P'_2表示参战装备战技行性能指数；P_3、P'_3表示自然环境因素指数；P_4、P'_4表示人的因素指数；P_5、P'_5表示其他因素指数。这些用于修正单位火力指数的指数都是综合指数，可以分解为若干小的指数的乘积，其变化时间节点决定于作战的进程变化和指挥决策。考虑到简化计算的需要，目前一般直接讨论和使用综合指数，而不再进一步细化。

不难看出采用该方程所要确定的参数很多，若按照方程的原含义，确定其参数的方法极为复杂。α_{ji}和β_{ij}系数描述的意义可以认为是在某一作战类型和样式下，一方某种战斗单位对另一方某种战斗单位的综合毁伤系数，在确定这两个系数时综合考虑影响装备战损的诸多因素。即 α_{ji}和β_{ij}系数的确定，主要参考历次战争和演习得出的单件装备火力指数求和得出的单位火力指数（以敌军联兵旅为例，根据其编配装备计算），并用影响装备战损的因素量化指数对其进行修正而求得单位战斗力指数，进而确定综合毁伤系数。

按照上述方法，通过迭代可以求得对抗双方战斗力损耗量，具体流程如图 3-3 所示。

另 $D(t)$表示装备的作战损坏率。在 t 时刻，X 单位装备作战效能可以表示为

$$X_{t0}(t) = X_{t0} - X_{t0} \times D(t) \tag{3-52}$$

式中：X_{t0}为 t 时刻单位 X 的初始战斗力，则

$$D(t) = 1 - \frac{(X_{t0} - L/\alpha) \times \mathrm{ch}(t) + (K - \beta Y_{t0}) \times \mathrm{sh}(t) + L/\alpha}{X_{t0}} \tag{3-53}$$

其中，

$$\mathrm{ch}(t) = (\mathrm{e}^t + \mathrm{e}^{-t})/2 \text{ , } \mathrm{sh}(t) = (\mathrm{e}^t - \mathrm{e}^{-t})/2$$

$D(t)$与装备数量的乘积即为装备作战损伤数量。根据不同损害等级的占比，可以统计出不同损坏等级装备的数量。

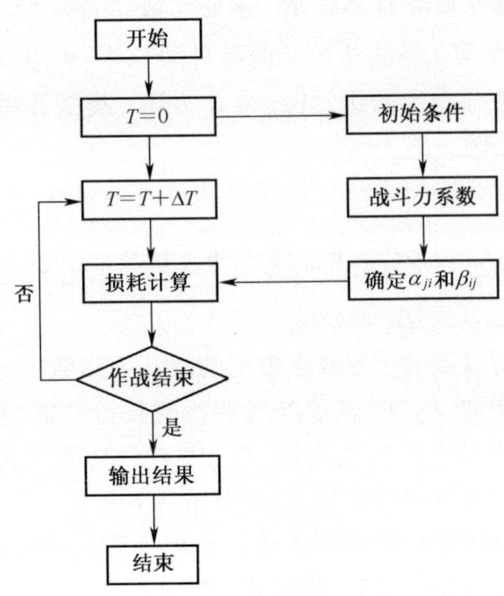

图 3-3　兰彻斯特方程迭代计算步骤

3. 算例

设常用兵器火力指数、单位综合火力指数等如表 3-1、表 3-2 所列。人员影响系数如表 3-3 所列,其他影响系数根据约束条件综合确定。

表 3-1　常用兵器火力指数

名称	火力指数	名称	火力指数
7.62mm 半自动步枪	1	82mm 无后坐力炮	10
7.62mm 冲锋枪	1	60mm 迫击炮	7
7.62mm 班用机枪	4	82mm 迫击炮	12
7.62mm 轻重两用机枪	6	反坦克导弹(HZ-73)	30
12.7mm 高射机枪	10	73mm 炮(步战车)	28
40mm 火箭筒	9	T-59 中型坦克	34

表 3-2　单位综合火力指数

联兵旅种类	守备旅	摩步旅	装步旅	装甲旅	空降旅	特战旅
单位火力指数	5268	11564	12322	10565	5454	7847

表 3-3　人员影响系数

人员素质	高	中	低
指数值	1.2	1	0.8

设由 X 方对 Y 方实施登岛作战。双方力量如表 3-4 所列。

表 3-4 双方作战力量

X 方参战力量	战斗力指数	Y 方参战力量	战斗力指数
摩步师(2)	13672	守备旅(3)	5268
装甲师(1)	21070	装甲旅(1)	10565
炮兵师(1)	6444		
摩步旅(1)	4428		
海军陆战旅(1)	3998		
炮兵旅(1)	4860		
防空旅(1)	6612		
炮兵团(1)	2289		
直升机团(1)	1680		
反坦克团(1)	3240		

设参战装备一次性投入战斗,用此前提出的指数多元兰彻斯特方程进行预计并确定:

$$P_1 = 1, P'_1 = 1.5, P_2 = 1, P'_2 = 1, P_3 = 0.9,$$
$$P'_3 = 1.1, P_4 = 1.2, P'_4 = 0.8, P_5 = 1, P'_5 = 1$$

则预计结果为 X 方胜利,共损失 0.73 个摩步师、0.73 个炮兵师、0.37 个摩步旅、0.37 个炮兵旅、0.4 个装甲师、0.4 个海军陆战旅、0.4 个炮兵团和 0.4 个直升机团的装备以及 0.38 个防空旅。

以该例坦克装备为类,通过计算可以得出摩步师坦克参战 77 辆,则损失为 57 辆;装甲师坦克参战 230 辆,则损失为 92 辆;摩步旅坦克参战 26 辆,则损失为 10 辆;其他单位无此种装备,则该型坦克共损失 159 辆。

则具体损失装备的预计可以根据经验确定的装备损失比例确定各级装备损伤数。通过经验数据进行修正,可设定:轻损 33%、中损 23.2%、重损 16.55、报废 27.3%。

则该型坦克:轻损(小修)52 辆;中损(中修)37 辆;重损(大修)26 辆;报废 44 辆。

第四章
装备维修能力评估指标体系

科学的评估是做出正确决策的重要方法之一。装备维修保障能力评估的目的是为作战和装备维修保障指挥机构提供重要的决策支持,使之能够及时准确地掌握装备维修保障现状。但装备维修保障具有很强的非线性、随机性和突变性,是一个复杂问题。为了将多层次、多因素、复杂的装备保障评估问题用较科学的计量方法进行量化处理,建立评估指标体系是一种常见的解决复杂问题评估的方法。

第一节 装备维修能力评估指标构建要求

构建指标体系虽然可以解决一些复杂对象的评估问题,但由于指标体系是人为构建的,在指标的构成、要素选择上容易出现认识上的不一致,指标的综合意义不清晰,造成评估结果具有主观性等问题。因此,在构建指标体系时,需要充分了解指标体系的特点,遵循一定的原则,并按照一定的方法进行。

一、指标体系的特点

(一) 不确定性

不确定性主要包括两个方面:首先,是指标的不确定性;其次,是来自系统外部噪声产生的不确定性。指标的不确定性往往出现在对指标的处理上。对这些不确定指标的处理方法主要有以下几种:一是平均方法,采用平均值取代不确定的指标值,因为其在总的情况下概率结果还是正确的。但这时就会忽略一些特殊的情况,丧失偶然性。二是采用线性模型替代,但这时就会丧失一些非线性的性质。三是在一定近似的条件下处理非线性、最恶劣情况以及稀少事件。对这些指标进行处理时由于计算比较困难,经常用近似方法来进行,虽然可以有一个结果,但这个结果是否符合系统原来的性质就很难证明。

这些不确定性对评估指标体系的影响将主要表现在三个重要方面:一是指标的具体值根本无法获得,即指标值不确知。如果用定性值来表示,也会导致不确定大大增加。二是评估结果表现出对指标体系的假设、初始条件的改变具有极大的敏感度变化。三是所有指标在组合后形成的组合复杂性。这些指标体系在这些不确定性的影响下是否还能反映原有的性质,就具有了很大的疑问。

(二) 层次性

目前的评估指标体系一般都采取层次树状结构,从若干方面来描述系统的整体属性,分层直至能够描述清楚为止。层次性是指标体系的主要形式特点,其主要表现在对被评估系统的层次划分。但这种划分能否保持系统地整体性实际上就是能否解决系统复杂性问题评估的关键。复杂系统整体性的特点与系统的层次有关,不同的层次实际反映了不同的整体特征。

二、指标体系构建要求

装备保障评估指标体系在建立时,除应遵循一般的原则以外,在实际评估指标体系构建过程中,还应当依据装备工作实际情况进行设置。注重并尽可能地满足以下建立指标体系的要求,包括层次性、完备性、独立性、可操作性等要求。

(一) 层次性

层次性要求必须是同一层次的项目才能放在同一层指标中,层次之间要有明显的质的差异,一般高层包容了低层的全部内容,低层是高层的部分内涵。

(二) 完备性

完备性指所构建的指标体系应能够全面地反映研究对象各方面的主要特征,不能漏缺。只有这样,才能全面评价研究对象。影响保障能力的主要指标均应在指标集中,指标集具有该问题全面的、科学的整体内容。

(三) 独立性

独立性要求指标间应是不相关的。指标之间应减少交叉,防止出现包含从属关系。独立性的度把握比较难,在确定指标体系时,所用的词语一定要有准确的定义,不能具有二义性。不能明确表达时,可以在指标体系前加上定语限制。

（四）可操作性

指标能够通过试验、统计、仿真等方法采集获得，便于定量分析。指标应具有统一的度量方法，是可量化的。

三、指标体系构建方法

指标体系的建立是一个反复深入的过程，其基本思路是：一是对评估目标进行分析，提取目标的分目标；二是按照系统的观点，对分目标的构成要素进行分解，建立指标层级结构；三是对各指标属性进行分析，研究各指标之间的关联关系，以及各指标的评价可行性；四是优化指标，替换不适用指标，合并同类或相似指标，设计指标体系结构；五是根据实践和专家评价，改进并确定指标体系。具体构建方法如图 4-1 所示。

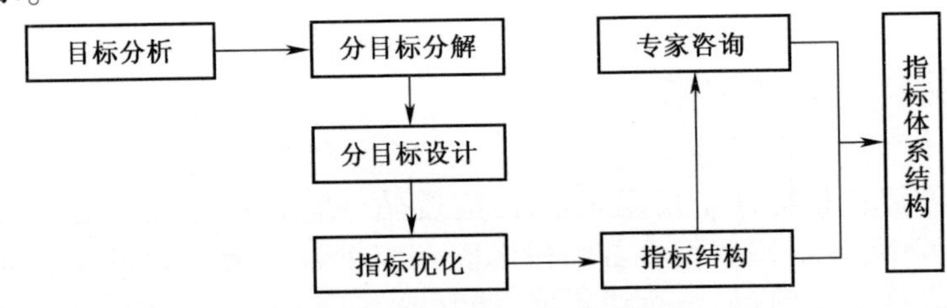

图 4-1　评价指标体系构建方法

（一）目标分析

目标分析是建立指标体系的前提，确定系统的目标层次结构是建立评估指标体系层次结构的基础。

（二）分目标分解

分目标分解是指根据总目标的要求，研究构成总目标的必要要素，尽量使各要素间是独立关系。

（三）分目标设计

采用系统的观点和方法进行分析，弄清影响子目标的影响因素，研究各因素之间的关系，确保分目标构成的完整性、准确性。

（四）指标优化

研究各指标的本质属性，以及可能的评价方式，结合现实情况，考虑建模的可行性,替换或筛选指标。

(五)确定指标结构

不同的目标结构,会带来不同的评估指标体系结构形式,常见的评估指标体系的结构形式有层次型评估指标体系、网络型评估指标体系。

1. 层次型评估指标体系

根据评估指标体系的目的需要,通过分析系统的功能层次、结构层次和逻辑层次建立相应的评估指标体系。在现实评估问题中,评估体系常具有层次结构,简单易用,一般包含有目标和指标两类,形成多层次的评估指标体系。

2. 网络型评估指标体系

网络型评估指标体系是指部分指标同时直接影响总目标和分目标,且其影响关系不能用简单的层次关系表述时,可以使该目标同时关联总目标和分目标的指标体系结构。在结构比较复杂的系统中,若出现评估指标难于分离或系统评估模型本身尚未确定的情况,应使用或部分使用网络状的评估指标体系。

(六)形成评估指标体系

上述各项工作完成后,便可以形成一个初步的、可供实际操作的评估指标体系。向专家咨询,在实践中检验形成初步的评估指标体系后,需要广泛征求专家和有关人员的意见和建议,在实践中检验,以得到满意的评估指标体系。

第二节　装备维修能力评估指标构成

选择合理的考评指标对维修系统进行定量考核和评估是装备快速形成战斗力的重要保证。一方面可以衡量装备当前实际的维修能力和水平,掌握与期望能力之间存在的差距。更重要的是能进一步确定当前系统存在的薄弱环节,为后续能力提升提供改进方向和依据。装备维修系统能力是装备维修系统的各影响要素(人员、资源、制度、信息、经费和环境等要素)在一定条件的下作用于待维修装备和相关资源而形成的一种综合能力,其指标构成也主要围绕构成能力的要素进行设计。

一、评估指标的分类

能力评估指标,是衡量和计算能力的项目和标准,是保证评估客观、全面、科学的前提和基础。任何能力评估活动,都必须以评估目的作为最高指标。但由于评估目的具有较大的原则性和抽象性，一般应将其分解成若干具体的指标。总体上，维修能力评估指标可分为维修能力指标、维修效果指标、维修效率指标和维修效益指标四大类。

(1) 维修能力指标。维修能力体现为能够完成维修任务的数量和质量，可分为理想维修能力和现实维修能力。两者分别指在理想条件和现实作战条件下，所能发挥的维修能力。理想维修能力是维修系统或要素的固有属性，与具体维修条件和过程无关，是一个相对静态的统计概念。作为装备维修系统或要素的最大潜力，理想维修能力指标为现实能力分析提供了一个固定参照系。现实维修能力则充分考虑了战场对抗环境下装备保障指挥、维修行动和维修机构战损等因素的制约，是一个比理想维修能力数值小得多的指标，也是一个随着维修条件变化而变化的动态指标。

(2) 维修效果指标。维修效果指达成一定维修目标的满意程度和完成一定维修任务的有效程度。通常体现为一个相对值，可用定性判断词表示或用成功率的统计百分比来表示。在衡量军事需求的保障效果时，以完成维修任务的百分比为指标；在修理行动中，修复的装备的数量不能直接说明效果的好坏，而只有通过与待修装备进行比较(即修复率)才能得出修复效果的指标值。

(3) 维修效率指标。维修效率是指一定维修效果所对应的时间消耗。随着现代高新技术在军事领域的广泛应用，军队作战行动的节奏明显加快。在这种情况下，对维修速度和时间要求也越来越高。维修效率指标分为绝对效率和相对效率。维修的绝对效率通常用完成时间来表示，例如，维修及其相关信息的收集、传递、处理时间；装备保障指挥员判断情况、定下决心的时间；拟制、修改维修计划、方案的时间；下达命令、指示和下级传递、执行命令、指示，落实各项维修计划的行动时间；物资供应时间，装备技术准备时间，战损装备维修时间等。维修的相对效率，是指完成一定维修任务的规定时间与实际消耗时间之比。

(4) 维修效益指标。维修效益是指一定维修效果所对应的除时间以外的维修资源消耗，通常将人力、物力、财力消耗全部折算成经济消耗来表示，即近似用经济效益来表示维修效益。例如，各类有效消耗数量、器材消耗数量等。强调经济效益的目的是为了节约使用国家和军队的有限保障资源，提高持续保障能力。维修效益指标分为绝对效益和相对效益。前者的指标值是完成一定维修任务全部实际经济消耗的总和，后者的指标值是实际经济消耗值与预定经济消耗值之比。

二、指标体系结构

任何能力评估活动，都必须以评估目的作为最高指标。但由于评估目的具有较大的原则性和抽象性，一般应将其分解成若干具体的指标。因此，必须首先确定维修能力评估指标体系的结构。

不同的能力评估目标结构，会带来不同的评估指标体系结构形式。常见的评估指标体系的结构形式有以下两种：一是层次型评估基本指标体系。根据评估指标体系的目的需要，通过分析系统的功能层次、结构层次和逻辑层次建立相应的评估指标体系。在现实评估问题中，评估体系常具有层次结构，简单易用，一般包含有目标和指标两类，形成多层次的评估指标体系。二是网络型评估基本指标体系。在结构比较复杂的系统中，若出现评估指标难于分离或系统评估模型本身尚未确定的情况，应使用或部分使用网络状的评估指标体系。

维修效能评估指标体系通常是多层、多级的。在维修评估指标体系中，各层次既能自成体系进行单项或综合评估，又是整体全面评估的组成部分。具体表现在以下几个方面。

一级指标是对维修系统效能的最初分解，一般不能直接评估，只对确定下一级指标起到规范作用，这里一级指标即为维修效能。

二级指标是对一级指标的细化分解，通常也不能直接评估，只对下一级评估指标起到规范作用。由于维修系统的复杂性，可对二级指标进行不同区分。根据维修要素，可分为实体性要素能力、渗透性要素能力、组合性要素能力构成的评估指标体系。一般根据维修的职能，分为维修指挥能力、器材调配保障能力、维修作业能力、部队装备管理能力构成的评估指标体系。

三级指标是对二级指标的进一步分解，通常有两种情况：一是对于维修人员、信息等要素能力，通常将三级指标作为“评价点”，可进行直接量化的评估指标，明确直接的评估内容。二是对于维修任务能力，受专业保障复杂性的影响，通常需要进一步区分指标，才能明确具体可评的指标内容。例如，将器材调配保障能力区分为“器材调配管理能力”和“器材供应保障能力”两个部分；将维修能力区分为“维修保障能力”“技术准备能力”两个部分。这样才能进一步区分构建下一级具体指标。

四级指标是对三级指标的进一步分解。作为维修指挥能力、器材调配能力、维修作业能力、技术准备能力等三级指标，直至分解到可以直接量化的评估指标，即“评价点”。

这样形成一个初步的、可供实际操作的评估指标体系后，需要广泛征求专家和有关人员的意见和建议，在实践中检验，以得到科学、合理、公认的维修效能评估指标体系。同时，通过对维修结果性指标的细化程度的判断，决定是否继续对指标进行分解，筛选与优化评估指标体系，从而获得完整的维修评估指标体系。

三、维修能力评价指标

从装备维修保障指标值的表示形式，可以将评价指标分为定量指标、定性指标和综合指标三类。但由于模糊数学等理论的发展，很多定性指标在很多情况下都转化为定量指标来评价。在此，拟从维修体系构成的角度来区分指标类型，可以区分为系统要素指标、隐性指标和综合指标三类。

（一）系统要素指标

系统要素指标是指构成装备维修体系的各个环节、要素能够满足维修任务需求的能力程度。通过分析装备维修系统特点，可以将装备维修要素分为维修备件、运输投送装备、维修设备、维修设施、维修人员等指标，如表4-1所列。

表4-1　维修系统要素指标

<table>
<tr><th></th><th>能力指标</th><th>效果指标</th><th>效率指标</th><th>效益指标</th></tr>
<tr><td rowspan="2">维修备件（器材）</td><td>备件品种配套率</td><td rowspan="2">平均备件延误时间
器材满足率</td><td rowspan="2"></td><td rowspan="2">备件失效率
周转费</td></tr>
<tr><td>备件数量配套率</td></tr>
<tr><td rowspan="2">运输投送装备</td><td>单次运输投送量</td><td rowspan="2">运输投送量</td><td rowspan="2">维修器材单位时间供应量转运率</td><td rowspan="2">运输损耗率</td></tr>
<tr><td>平均运输速度</td></tr>
<tr><td rowspan="3">维修设备</td><td>维修设备作业工时</td><td rowspan="3">抢救率
维修设备满足率</td><td rowspan="3">维修设备作业率</td><td rowspan="3">利用率</td></tr>
<tr><td>维修设备配套率</td></tr>
<tr><td>维修设备完好率</td></tr>
<tr><td rowspan="3">维修设施</td><td>维修设施作业容量</td><td rowspan="3">维修设施满足率</td><td rowspan="3"></td><td rowspan="3">占空比</td></tr>
<tr><td>维修设施配套率</td></tr>
<tr><td>维修设施完好率</td></tr>
<tr><td rowspan="4">维修人员</td><td>任务响应率</td><td>修复装备量</td><td rowspan="4">平均修复时间</td><td>人员闲置率</td></tr>
<tr><td>人员满编率</td><td>装备完好率</td><td>返工率</td></tr>
<tr><td>人员专业对口率</td><td rowspan="2">安全事故率</td><td rowspan="2">平均人员延误时间</td></tr>
<tr><td>人员称职率</td></tr>
</table>

维修备件指标主要包括备件数量配套率、备件品种配套率、维修设备完好率、平均设备延误时间、平均备件延误时间、备件失效率、周转费等。

运输投送装备指标主要包括单次运输投送量、平均运输速度、运输投送量、运输损耗率、维修器材单位时间供应量、转运率等。

维修设备指标主要包括维修设备作业工时、维修设备数量配套率、抢救率、维修设备满足率、维修设备配套率、利用率、维修设备作业率。

维修设施指标主要包括维修设施作业容量、维修设施配套率、维修设施完好率、维修设施满足率、占空比等。

维修人员指标主要包括任务响应率、人员满编率、人员专业对口率、人员称职率、修复装备量、装备完好率、安全事故率、平均修复时间、人员闲置率、平均人员延误时间等。

（二）隐性指标

隐性指标是指通过装备维修体系各要素,间接影响维修体系能力的指标。常用的隐性指标主要有维修指挥能力、装备维修战场管理、维修训练、人员状态等指标,如表4-2所列。

维修指挥能力指标主要包括任务响应率、资源配套率等。

装备维修战场管理指标主要包括经费到位率、经费使用有效率、装备失修率、装备返修率、制度完备度等。

维修训练指标主要包括技能合格率、作业展开时间、作业熟练度等。

人员状态主要包括环境适应性、健康度、作业水平匹配度等。

表4-2　维修系统隐性指标

内容	指标	说明
维修指挥能力	任务响应率 资源配套率	主要考核维修器材需求和维修任务之间的匹配度
装备维修战场管理	经费到位率 经费使用有效率 装备失修率 装备返修率 制度完备度	主要考核有限维修资源的有效利用率
维修训练	技能合格率 作业展开时间 作业熟练度	主要考核维修能力的发挥程度
人员状态	环境适应性 健康度 作业水平匹配度	主要考核人员能力发挥相应水平的程度

（三）综合指标

综合指标是指能够从系统总体角度衡量装备维修体系能力的指标。主要是从待维修对象的角度进行评价，常用装备完好率和任务完成率来体现。

装备完好率指标主要包括使用可用度、装备完好率。

任务完成率指标主要包括任务成功率、无维修待命时间等。

第三节　装备维修能力评估指标体系

装备维修能力评估指标体系的建立需要围绕评估目的和装备维修保障自身的作战使命，结合评估对象的实际情况，以路线图的模式进行分层设计。

一、装备维修能力评估分析

评估目的决定整个评估工作的方向。即使是相同的评估对象也可以有不同的评估目的，从而导致不同的评估标准和不同的评估方法。因此必须对装备保障评估目的进行分析。装备保障评估总目的是评定装备保障系统（方案）的功能，以便修改、完善装备保障系统，保证其与主战装备和作战应用匹配、有效而经济地运行。

评估约束是评估工作的条件。评估约束包含两方面内容：一是评估对象的作战使命。不同的作战使命构成不同的评估原则和指标构成。例如，将精确投送作为保障使命，则保障的精确度是其一个重要能力评价指标；将快速反应作为使命要求，则保障力量反应时间是一个重要评价标准。二是针对评估对象的要求。如美军在实施航空母舰维修作业前，对维修完成时间和维修总经费的限制不仅是指标要求，也是约束。超出约束条件的评估对象活动即为“失败”。

评估指标体系是评估工作的主体。评估指标体系的建立受评估对象的影响。不同角度构建的装备保障层级，设计出的装备保障评估指标体系各有侧重。在作战指挥层次上，战略、战役和战术装备维修保障侧重的保障内容和重点不同；在军兵种层面上，海军、空军和陆军等的维修内容和程序不同将会使维修能力评估指标各异；从装备类型的角度，通用装备和专用装备维修保障模式不同导致评估指标体系差异。针对不同的评估对象，评估指标体系需要进行具体设计。同时，在建立指标体系过程中，需要按照一定的准则，将影响能力的因素和评估指标体系进行区分；否则评估指标体系将会变成影响因素集。

评价目的是评估指标体系构成的指导。不同的评价主体，可能需要从不同的角度对评估对象进行评价，如指挥员可能需要从维修保障全局的角度评估，装备财务管理者则需要从装备维修的费效比、经费利用率等方面进行评价维修能力。仅就装备维修体系能力而言，评价指标体系构建可以采用两种方式：一是针对构成体系的各个环节设计指标，并将这些指标进行综合，构建基于要素的评价指标体系；二是将体系划分为几个分系统，综合各分系统指标建立相对简化的评价指标体系；三是针对评价对象建立综合的指标，如利用装备维修率和修复率等指标直观评价装备维修能力。

二、装备维修能力评估指标体系设计

装备保障维修能力是一个复杂的问题，其构成要素十分庞大，不同的评估者从不同的角度对同一问题的关注重点有很大的不同。在进行装备维修能力评估指标体系过程中，尝试按照联合战役层面的装备维修保障过程为主线，以作战使命为指导，在确定构成评估目的的分目标基础上，从维修保障活动和能力的角度对各目标进行分解，设计装备维修能力评估指标体系。

（一）目标分析

以美军国防部 2008 年发布的装备保障路线图为参考，美军国防部将装备保障的使命明确为：通过在整个军事行动中为作战人员提供全球反应、精确运行和经济高效的装备保障，运送和维持一支高战备水平的部队。围绕使命，其装备保障总目标设定为：一体化、全面可见、快速精确反应。对装备维修保障能力而言，装备维修能力是评价的总目标，快速精确反应、修复率是其总体要求。

（二）目标分解

装备维修保障能力，是由维修器材筹措能力、维修器材储备能力、维修器材供应能力、维修作业能力、抢救后送能力、指挥控制能力、支援保障能力、远程技术支援保障能力、器材携运行能力等构成的一个能力集合体。为便于对保障能力进行评价，需要分析各种能力间存在的层次结构关系，对能力进行分解。

在能力分解过程中，需要围绕评价总目标，并通过不同的角度对能力进行分解。维修能力按照活动流程（核心流程），分为器材保障能力、运输投送能力、维修作业能力。其中，运输投送能力的要求是快速、准确，维修作业能力可以分为基地维修、野战维修和现地抢修。如图 4-2 所示的这种能力分解方法只是一种参考。

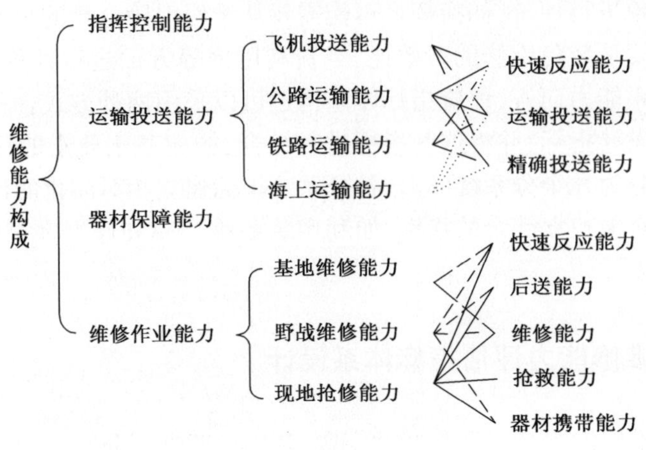

图 4-2　装备维修能力构成

（三）分目标设计

分目标设计实际是将分解的目标转化为指标的过程。在指标设计过程中，每个分目标可以看作是一个任务，且每个任务都有完成的要求，即指标。指标是衡量装备维修保障力量在特定条件下遂行任务所达到的程度，包括任务的测度和标准。一个指标可以有多个测度，每个测度有一个标准与之对应。测度和标准的组合便于进行度量计算，能够反映使命任务的执行程度。测度是反映任务执行程度的关键参数，与任务紧密联系。可以用时间、数量、速度、比例等定量测度表示，或用是、否等定性测度表示。标准是为相应测度设置的参考数值，描述该任务可被接受的最低执行水平。确定的指标应当尽量简化，具有相对独立的测度，可以综合绝对指标和相对指标，能够反映任务特征、执行条件、完成程度。

1. 指挥控制能力指标

装备指挥控制活动的评价指标主要体现在指挥控制的反应时间和维修保障活动的有效性上。该参数可以用指挥对象活动的闲置率和利用率来描述，并影响维修活动的平均时间。

2. 维修作业能力指标

装备维修作业能力指标应在保障任务完成情况、保障服务时间和保障资源的满足和利用情况等方面进行体现。维修任务完成情况，主要从平均维修任务完成率上体现，表示单位时间内，完成维修任务的数量。该参数在装备维修作业活动的各个层级都适用。

保障服务平均时间用平均维修时间度量，体现维修任务完成的时效性，该参数主要是针对最小维修作业单元层次提出的，对于最小维修作业单元以上层次的维修保障系统不适用。但在维修仿真过程中,维修活动的直观体现方式是时间。因此,在仿真过程中,可以用不同程度故障的平均维修时间来度量维修保障能力。

装备抢救率是联合作战部队级维修作业所特有的能力指标。在现代短时、高强度战争中,中继级装备修复量和基地级装备修复量依赖于装备的抢救率。同时,维修活动中各类维修资源的满足和利用情况主要用维修单元利用率和备件保障度来描述,表征某段时间,各类维修资源规模的满足和使用情况。这两个参数是器材能力的指标,但也是维修作业活动的约束。

3. 器材保障能力指标

器材保障业务的评价指标主要体现在保障服务时间和器材的满足和利用情况两个方面。保障服务时间主要体现在器材任务的时效性,用平均器材供应服务时间描述,该参数在装备维修保障建模和仿真的各个层级都适用。器材的满足和利用情况主要用平均备件满足率和平均备件利用率描述,表征某段时间内,各类器材的满足和利用情况。

在器材保障活动中,影响部队级维修能力的器材携带能力指标可以用携带量可修复装备数量来表示,该参数适用于部队级和中继级、基地级支援维修作业层次。

4. 运输投送能力指标

运输投送活动的评价指标主要体现在保障服务时间和运力的满足和利用情况两个方面。保障服务时间主要表征运输投送的时效性,用平均运输投送时间描述。运输投送的满足和利用情况主要用平均运输投送满足率和平均运输投送利用率描述,表征了某段时间内,各类运输投送资源的满足和利用情况。上述参数适用于能力评估的各个层级。

需要指出的是,指标测度可以在指标体系设计阶段确定,但标准需要随着任务要求不同而确定。

(四) 指标优化

指标优化是指根据评价目的和方法的不同,对构成评估目的的评价指标进行筛选和替换。

在指标筛选和替换时,需要根据指标选取的原则,在尽可能保持指标独立性的基础上,减少指标量。如上述的指挥控制活动,由于其能力的体现需要通过运输投送、器材保障、维修作业等具体活动进行体现。且其在装备维修保障系统中,仅能通过指挥控制反应时间来直观反映。又由于指挥控制是影响能力的潜在因素,因此在指标体系构建时,可以将其作为一个其他活动的影响因素来考虑,而不是作为一个指标要求。同时,器材携带量可以作为影响能力的因素来考虑,可以不设计相应指标进行单独评价。

（五）确定指标体系结构

根据（一）~（四）的分析，可以构建装备维修能力评估的指标体系结构如图 4-3 所示。

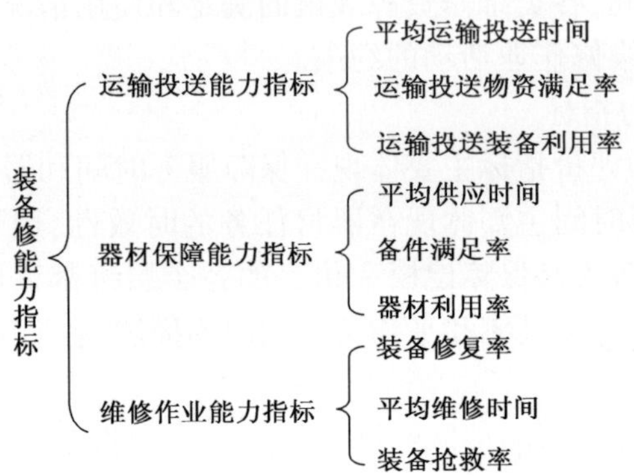

图 4-3 装备维修能力指标体系

构建出的指标体系是一个初步的指标体系框架，具体评估指标的选择还需要根据相关专家建议进行筛选、完善和补充。在必要时，还要征求被评价单位的意见，以确保评价指标的可操作性。

第四节 装备维修能力评估指标分析

指标分析主要针对多指标评价要求。一个评价对象，根据评价主体的需求，可能需要采用不同的测度来综合衡量评估对象。但多个评价指标间并不是正相关的，而是相互矛盾的。因此，在评价过程中，需要对指标关系进行分析，通过指标转换、指标赋权等方法，将多指标进行综合，便于评估工作的开展，并使评估结果具有可比性。

一、指标关系分析

按照层次关系构建的指标体系结构中，有些指标是相容的，有些指标是互斥的。在指标优化的基础上对指标进行综合，需要对指标因素的关系进行研究。

装备维修能力指标关系，是装备维修保障过程中各个装备维修保障活动评价指标间的相互联系。装备维修保障能力是通过区分维修系统保障活动,明确装备维修活动流程,来建立装备维修保障关系的。装备维修保障指标关系依赖于装备维修保障活动的设置,是在装备维修保障系统中,依据特定的评估目的而建立的装备维修能力指标关系集。它通过制定一系列的装备维修活动指标评估各种维修保障活动,以维持良好的装备维修保障能力,并准确反映装备维修保障活动的效能。

装备维修能力指标和评估目的的多样性,客观上造成装备维修能力指标关系异常复杂。这就要求必须合理区分装备维修活动构成,尽量简化装备维修保障活动关系。装备维修能力指标关系的内在支撑是装备维修保障运行机制,其是装备维修保障系统的工作原理、活动方式及相互关系的内在规律。

分析装备维修保障能力指标关系的目的是在适度简化指标的基础上,通过系统分析指标结构,确保指标体系的完整性,并做到科学合理,符合系统实际,为管理人员和部门领导接受。通常采用德尔菲法,经过初步拟定、专家咨询、信息反馈、统计处理和综合归纳等环节,最后确定评估指标体系。

二、指标体系检验

评估指标体系经过优化后是否可靠,简化方法是否合理,需要通过检验来确定。检验是指标设计过程的有机组成部分,对于不同类型的指标体系,检验依据有所不同。指标体系只有经过检验证明其合理性后才能实际应用。当实际评估环境与优化的环境相似时,优化指标才具备可替代性;但当环境变化较大时,优化指标的有效性应慎重使用。常用的检验方法有以下四种。

(一)体系性检验

评估指标体系优化是否合理,从分析的角度考虑,就是考察经过优化所得的各个指标的体系是否符合实际,是否符合评估目标。指标体系系统性、层次性,各指标间的联系是有机的、科学的,在指标体系内涵上不能产生混乱。

体系检验是一种概念检验,首先,它主要是看指标体系在逻辑上是否合理。指标体系是由各层指标有机组成的,因而具有层次性。检验的内容之一即是考察指标的分层是否合理,看下层指标有否被移到上层与上层指标并列,有否上层指标下移到下层指标。其次,检验分类标准是否统一。在评估指标细化为下层指标时,应有较统一的分类标准,否则既容易使各指标产生重复,又容易遗漏重要指标。再次,看每个指标是否反映了与其直接联系的上层指标的内容,这是合理的层次结构的必然要求。

（二）顺序性检验

对于次序性评估的优化模型，检验的标准为顺序性，即在评估指标结构变化时，系统元素有可能增加或减少。一般而言，相对于同一准则，元素的增加或减少将对原来研究对象间的排序产生变化影响。如果能保证研究对象的排序在一定程度上不发生变化，对优化后的模型代入具体数值计算，如果其结果与原模型计算结果的次序一致，就接受简化后的模型；如果保序性不好，就怀疑优化模型及简化方法的可靠性。可以用逆序数来表示评估结果的次序变化情况。

在一个指标序列中，如果有一对数的前后位置与大小顺序相反，即有 p_i 和 p_j，当 $j>i$ 时，$p_i>p_j$，那么称它们为一个逆序。一个排列中逆序的总数称为这个排列的逆序数，排列的逆序数记为 $\lambda(p_1,p_2,\cdots,p_n)$。

设指标系统为 $Q(B,W)$，B 为指标集，W 为权重集，各个被评对象的得分为 F_i，m 个得分的得分集为 F。由线性代数知识知，任意一个 n 级排列 $p_1,p_2,\cdots,p_n$。都可以经过一系列对换互变变换为 $1,2,\cdots,n$。故不妨设 m 个评估对象的排列满足 $F_1\leqslant F_2\leqslant\cdots\leqslant F_m$。，即得分值下标按自然数序列排列，则其逆序数为 0，即

$$\lambda(p_1,p_2,\cdots,p_n)=0 \tag{4-1}$$

经过指标简化，设 $Q(B,W)$ 变为 $Q'(B',W')$，将数据代入优化后的模型，则被评对象的得分集变为 F'，其中 $F'_{q1}\leqslant F'_{q2}\leqslant\cdots\leqslant F'_{qm}$。$q_1,q_2,\cdots,q_m$ 则为 $1,2,\cdots,m$ 的一个置换，其逆序数为 $\lambda(q_1,q_2,\cdots,q_n)$。

排列 $q_1,q_2,\cdots,q_m$ 的最大逆序数出现在排列变为 $m,m-1,\cdots,1$ 时，逆序数为

$$\lambda(m,m-1,\cdots,1)=m(m-1)/2$$

定义一个排列的逆序数占最大逆序数的百分比为顺序性检验参数。

$$\delta=\frac{\lambda(q_1,q_2,\cdots,q_m)}{\lambda(m,m-1,\cdots,1)}=\frac{2\lambda(q_1,q_2,\cdots,q_m)}{m(m-1)} \tag{4-2}$$

给定百分数 Δ，设定 $\Delta=10\%$，当指标体系由 Q 变化为 Q' 时，如果满足顺序性要求 $\delta<\Delta$，则接受优化模型；否则放弃。

（三）保值性检验

保值性检验属于一种对指标的后验方法，即在完成评估后，对指标体系合理性的重新检验。通过优化的指标体系得出的评价指标与未优化前的指标分值的变动情况对比，对优化指标进行评价。只有这个指标变动值在允许范围内，优化模型才是合理的。

设指标系统由 Q 简化为 Q'，相应的评估结果得分集由 F 变为 F'，各被评对象得分由 F_p 变为 F'_p 时（$p=1,2,\cdots,m$），则指标系统的前后得分差异为

$$\sigma = \sum_{p=1}^{m} (F_p - F'_p)^2 \tag{4-3}$$

保值检验参数就可以定义为模型优化前后的得分差异占原指标值 σ_0 的百分比。

$$\varepsilon = \sqrt{\sigma} / \sqrt{\sigma_0} = \frac{\sqrt{\sum_{p=1}^{m} (F_p - F'_p)^2}}{\sqrt{\sum_{p=1}^{m} F_p^2}} \tag{4-4}$$

式中：$\sigma_0 = \sum_{p=1}^{m} F_p^2$。

给定百分数 Δ，当指标体系由 Q 变化为 Q' 时，如果满足保值性要求 $\delta < \Delta$，则接受优化模型；否则放弃。

（四）公识检验

公识检验指的是社会上对特定评估问题能发表独立见解的群体中是否具有不少于半数人士接受关于该问题的观点。对于公识，有许多人不同意甚至反对也是允许的，只要他们都能独立发表见解，且总数不多于该群体的 1/2，即可被采纳。

公识检验是简化模型检验的一个非常重要的方面。由于许多问题的复杂性和模糊性，它不可能完全用数学精确表述，各问题间的界限也不是泾渭分明的，故对特定问题的评估，征求这类问题专家的意见显得尤为必要。

给定 $0.5 \leqslant \alpha \leqslant 1$，优化模型为

$$F = f(x_1, x_2, \cdots, x_n) \tag{4-5}$$

式中：x_i 为评估指标变量；F 为评估结果。如果对公识信息，有超过 α 的比例接受评估结果，就认为优化模型是合理的。

第五章
装备维修体系分系统能力评估建模

装备维修保障主要由器材保障活动、运输投送活动、维修作业活动组成。相应地,装备维修保障能力评估需要重点对器材保障、运输投送和维修作业能力进行评估。每种活动都可以认为是由装备、人员、活动环境构成的一个系统。因此,对装备维修保障能力进行评估,首先需要对构成装备维修力量能力的装备效能、人员效能进行建模,并以活动环境为约束进行建模;然后在维修力量能力建模的基础上对构成维修系统的活动进行分别建模。

第一节　装备维修力量能力建模

装备效能和人员效能是构成维修保障活动能力的基础。只有对装备效能、人员效能做出准确的评估,才能为装备维修能力评价提供客观的、定量的依据,避免造成人力、物力和财力的浪费。因此,装备维修力量能力评估显得非常重要。

一、装备设施能力建模

装备效能分析就是根据影响装备效能的主要因素,运用一般系统分析的方法,在收集信息的基础上,确定分析目标,建立综合反映装备达到规定目标的能力测度算法,最终给出衡量装备效能的测度与评估。

(一) 装备设施建模目标分析

系统目标是系统分析与系统设计的出发点,是系统目的的具体化。系统目标分析的首要作用,就是要经过分析,确定系统建立的综合价值。这样就可以防止盲目性,有效避免造成损失和浪费。同时还能通过目标分析,使建立系统的方向性更加明确,因而减少未明确目标而造成的物资、人力和时间的耗费。

装备维修能力评估主要目标是针对战役层级的装备维修活动进行评价,评价对象主要是装备维修保障系统,该系统的能力是装备维修保障指挥决策和计划的初始条件。影响系统能力的因素包含装备的可靠性、维修性、保障性、测试性、安全性、生存性、耐久性和固有能力等。但对于使用者而言,其关注的重点主要是性能和适用性等。因此,对维修能力的装备设施评估,可以从系统分析的角度出发,采用解析方法进行简化分析,如 PAU 方法。

(二) 装备设施建模方法——PAU 法

系统效能评估 PAU 法由美国海军提出,该系统效能模型由性能、可用性、实用性三个主要特性组成。它的定义为:在规定的环境条件下和确定的时间幅度范围内,系统预期能够完成其指定任务的程度的度量。

性能是指系统能可靠正常地工作且在设计中所依据的环境下工作时完成任务目标的能力;可用性是指系统准备好并充分地完成其指定任务的程度;适用性是指在执行任务中该系统所具有的诸性能的适用程度。

数学描述为:在规定的条件下工作时,系统在给定的一段时间过程中能够成功地满足工作要求的概率。表达式为

$$E = \mathrm{PAU}$$

式中:E 为系统效用指数;P 为系统性能指数;A 为系统可用性指数;U 为系统适用性指数。

二、人员能力建模

随着装备自动化技术水平的提升,很多简单繁复的工作交由自动化系统来完成,大大降低了系统对操作员的体力要求。但其中一些很困难的任务,特别是战争装备对人的依赖性还比较大,对操作员的心理承受力和技能水平提出了更高的要求。而操作员作为人具有自由意识,容易受到环境影响,其生理和心理状态存在不稳定性,常表现在其工作性能上。如当操作员长时间超负荷操作时,很容易出现疲劳、压力过大等往往无法进行准确判断的状态,导致操作失误、准确率减低等现象,这就可能给系统运转带来风险,甚至引发灾难后果。因此,有必要对人员状态和能力进行建模。

(一) 人员活动分析

操作员功能状态(Operator Functional States,OFS)是指操作员在其自身认知和生理过程约束条件下,有效执行当前环境的要求和工作任务的性能。从指挥员的

角度,可以将人员功能状态从身体健康状态、技能水平、心理负荷三个方面进行评价。

身体健康状态分为群体健康评价标准和个体健康评价标准。群体健康评价标准是对于特定群体健康水平的标准,主要由平均寿命、患病率、就诊率和死亡率。个人健康评价标准包含个人主要系统功能、器官有无异常、有无疾病、体质状况和体力水平等。能力评价更加注重个人健康水平,常通过主要系统功能状态、与任务相关疾病情况、体质和体力四个方面进行综合衡量。

技能水平与活动效率直接相关。评价过程中,可以根据人员不同的任务分工,用人员技术水平体现不同的作业能力、指挥能力等。技术能力的测定通过一定的测试、评价体系给予综合评价,并可以通过训练等方式得到保持和提升。在维修能力评估中,根据不同的维修活动,可以将技能水平分类,每一类按照需求分为不同的等级,每一等级与能力正相关。

心理负荷是主要影响因素,因此可以从心理负荷研究的角度来进行 OFS 评估。目前,心理负荷测评方法有许多,按其性质来讲有定性和定量测评两大类,生理测量法是其中一种较为客观的定量测量方法。可以设计一种自适应辅助系统,通过对 OFS 的识别,检测到操作员的压力、疲劳等影响工作性能的因素。

人员的身体健康状态、技能水平和心理负荷共同构成人员活动能力的评价指标,其评价过程属于多目标综合评价。由于人员身体健康状态和心理负荷是属于隐性因素,它们通过人员技术水平的发挥影响人员能力,其具体评价可以采用加权积法进行评价。

(二) 加权积评价方法

加权积法是赋予每个指标权重后,求各个指标的加权积。主要公式如下:

$$y_i = \prod_{j=1}^{n} x_{ij}^{\omega_j} \tag{5-1}$$

式中:y_i为评估方案的加权综合价值;x_{ij}为第 i 个评估方案的第 j 个归一化后的指标值;ω_j为第 j 个指标的权重。

加权积法具有以下特征:

(1) 加权积法适用于各指标间有较强关联的场合。

(2) 加权积法强调的是各备选方案(无量纲)指标值大小的一致性,即这种方法是突出评估值中较小者的作用,这是由乘积运算的性质决定的。

(3) 在加权积法中,指标权重的作用不如加权和那样明显。

(4) 加权积法对指标值变动的反映比加权和更敏感,因此加权积法更有助于体现备选方案之间的差异。

(5) 加权积法对指标值的数据要求较高,即要求无量纲指标均大于或等于 1。

(6) 评估的结果主要体现各个项目之间的均衡性。

(7) 与加权和法相比,加权积法在计算上更复杂。

对加权积法来说,指标值越小的指标,拖综合评估结果“后腿”的作用也越大。“木桶原理”恰如其分地给出这种评估方法的一个直观解释,即假定一只水桶是由多个(满足一定长度的)长短不同的木板组成的,那么它的容量取决于长度最短的那块木板(因为当液体平面超过最短的那块木板的高度时,液体就会溢出)。因此,若增大木桶的容量,首先必须加高长度最短的那块木板。也就是说,在评估指标中,只要有一个指标值非常小,那么总体评估值将迅速地接近于零。换言之,这种评估模型对取值较小的评估指标的反应是灵敏的,而对取值较大的评估指标的反应是迟钝的。因此,这是一个具有“不求有功,但求无过”或“一丑遮百俊”特征的评估模型。这与人员状态对维修能力评估的影响相一致:身体健康水平和心理承受能力较低时,极好的技术水平将难以发挥。

(三) 维修人员能力

装备维修体系包含的人员可以分为装备维修指挥人员和专业技术人员。装备维修指挥人员能力与专业技术人员能力的区别在于其对维修体系能力的影响率上。

以专业技术人员能力为例分析维修人员能力。专业技术人员能力可以表示为

$$p_i = \sum_{j=1}^{n} m_{ij} y_{ij} / \sum_{j=1}^{n} m_{ij} \tag{5-2}$$

式中:p_i为被评估部队某类人员的综合能力指数;i 为被评估部队人员类别;j 为专业技术人员的级别;m_{ij}为被评估部队某类人员的数量;y_{ij}为第 i 类人员第 j 级人员的加权综合价值(不同级别人员的初始价值不同);ω_j为第 j 级人员的权重。

每类人员进行加权和,可得参战部队总的人员能力值。但对于战略战役兵棋系统而言,人员能力是一个对任务完成有重要影响的因素,其价值体现在其每个任务部(分)队的任务能力影响上,所以一般不计算总的人员能力。

设某部队专业技术人员可以分为高级、中级和初级三种,则 $j=3$。维修专业技术人员参数如下:

$$m_{11} = 50, m_{12} = 100, m_{11} = 300$$
$$y_{11} = 0.95, y_{12} = 0.80, y_{11} = 0.75$$

将数据代入式(5-1),则可得该部队维修专业技术人员综合能力指数为

$$p_i = (50 \times 0.95 + 100 \times 0.80 + 300 \times 0.75)/(50 + 100 + 300) = 0.78$$

该结果表明,该部队专业技术人员整体水平指数为 0.78,其主要影响维修效

率，且是维修装备、设备效能发挥程度的一个影响因素。

第二节　维修器材保障能力建模

装备维修器材，包括维护、修理装备所需的各种备件、各种原材料等，是实施装备技术保障的基本物质条件。装备维修器材保障是组织实施装备维修器材筹措、储备、供应和管理等一系列活动的总称。本书所指装备维修器材保障主要是装备维修器材的储备和出库、入库活动。装备维修器材保障能力建模，是根据建模和仿真目的，在尽可能保障器材保障过程完成性的基础上，抽取典型活动进行简化和量化的过程。

一、维修器材保障活动流程

（一）维修器材保障基本任务

装备维修器材保障的基本任务，是根据部队作战、训练和执行其他任务时的技术保障需要，在掌握装备数量及其技术状况、把握维修器材消耗规律、预测维修器材消耗的基础上，结合经济条件和市场供求变化趋势等客观条件，运用科学理论和方法有效地计划、组织、协调和控制维修器材的筹措、储备、保管、运输和供应等活动，从而保证及时、准确、快速、高效地为军队的装备技术保障活动提供所需的维修器材。

（二）维修器材保障能力要素

为适应和满足军队在平时和战时的装备维修器材需求，保证及时、连续、可靠地为部队提供保障。装备维修器材从静态的角度包含规模、结构、布局等，从动态角度可分为装载、卸载、出库、入库。

(1) 储备规模。确定装备维修器材的储备规模，既要考虑维修器材的需求，又要考虑生产、储备可能。一是要根据未来作战的可能规模、强度、持续时间、装备维修器材的损失消耗、战中筹措和补充的难易等对装备维修器材保障提出的特殊需求，合理设置装备维修器材的储备规模。二是要充分考虑现实的储备能力。要根据国家可能提供的财力、维修器材生产能力、储备设施的条件及各种装备维修器材的储存保质周期等实际情况，确定符合现实能力的装备维修器材储备规模。

(2) 储备结构。装备维修器材应当建立类别、品种、规格、性能综合配套、比例恰当的储备结构。一是注重综合配套。要根据全军装备的体系构成和编制数量对装备维修器材提出的相应要求,储备相应的装备维修器材。不仅要做到种类齐全、品种配套,而且还要根据各级装备技术保障的不同需要形成相应的系列。二是形成恰当比例。各种装备维修器材,应当根据实际需要和相互配套关系,形成合理的数量比例关系,从而形成与装备技术保障工作分工关系相适应、符合维修供需关系的储备结构。装备维修器材储备的结构设置可以根据维修任务需求,对维修器材结构进行适当简化,便于定量评估储备能力。

(3) 储备布局。应结合部队战时可能的作战任务及兵力部署、自然地理条件等情况,根据储备的军兵种分工和层次分工,建立以战略储备基地为依托,各战区的分区储备与部队的携运行储备相衔接,全纵深、多层次、全方位的装备维修器材储备布局。维修器材储备布局涉及作战环境、重点作战方向、与战略战术储备衔接等因素,是一个需要综合评价的活动环节。

(4) 装载、卸载和出库、入库是装备维修器材保障活动的重要环节。装载、卸载和出库、入库可通过人工或机械的方式进行,体现为不同的作业效率和作业时间。而作业和效率又依赖于人员状态或力学性能水平。

(三) 维修器材保障活动流程

装备维修能力评估建模过程中,按照指标独立性要求,可将器材保障的运输和供应活动列为运输投送活动范围。同时,由于装备维修能力评估的前提是在一定资源约束下的维修能力。考虑维修器材保障活动按照流程的完整性,在建模和仿真过程中可以忽略维修器材的筹措、环节。在维修器材保障活动中仅考虑储备的卸载、入库、出库和装载作业。上述四个步骤的完成基础是维修器材储备的规模、结构和布局。其保障活动流程关系如图 5-1 所示。

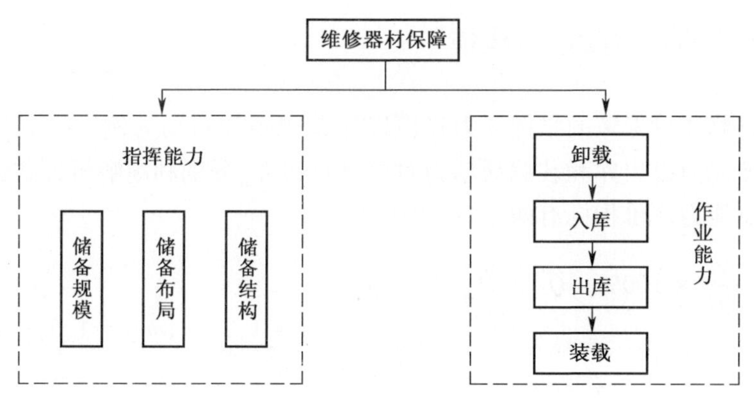

图 5-1　维修器材保障活动流程

维修器材储备的规模、结构和布局体现装备维修器材保障的指挥能力，卸载、入库、出库和装载体现维修器材保障的作业能力。

二、维修器材保障能力指标

(一) 维修器材指挥能力评价指标

装备维修器材指挥能力包含储备规模、储备结构和储备布局三个方面。其中，储备规模和储备结构根据装备维修任务需求进行预计，其评价指标主要通过维修器材满足率进行评价(事后评价)，或对储备规模和结构的计算过程进行合理性评价(事先评价)。

储备布局的评价需要考虑联合战役储备原则和要求，在确定的安全距离基础上进行布置，同时考虑储备点与相应保障关系单位之间的某种道路距离，以及储备布局和规模、结构与需求的匹配度。

(二) 维修器材保障作业能力指标

维修器材保障的储备环节的四个活动集中体现了器材保障能力。保障能力的指标主要有作业效率(以保障单位计)、作业时间。其中作业效率是活动主体的固有能力，作业效率和作业时间共同构成活动主体的任务能力。

维修器材保障储备的四个环节间是串联关系，但由于入库和出库环节间存在库存量，且可以将卸载、入库和出库和装载作为正、反顺序过程看待。在对能力指标进行评价时，仅以卸载和入库，或者出库和装载作为评价对象即可。

三、维修器材保障能力建模

装备维修器材保障的指挥能力建模以储备规模和布局为例进行分析；维修器材保障作业能力以出库和装载活动为对象进行研究，分别利用解析方式进行建模。单个保障点能力评价指标有两个，可以表达为

$$\begin{cases} \tau_i = \dfrac{Q_i}{Q_{iq}} \times 100\%, (Q_i > Q_{iq}, Q_i = Q_{iq}) \\ t_j = \dfrac{T_{jq} - T_{jw}}{T_{jq}} = \dfrac{T_j}{T_{jq}} \end{cases} \quad (i = 1,2,\cdots,m; j = 1,2,\cdots,n) \tag{5-3}$$

式中:i 为某类维修器材;j 为被保障单位数量;τ_i 为第 i 类维修器材储备的满足度(如果大于 1,则表示满足;小于 1,表示不足);Q_i 为第 i 个保障点器材储备的总量;Q_{iq} 为第 i 个保障点器材储备需求量;t_i 为第 i 个部队维修;T_j 为第 j 个维修部(分)队实际维修作业时间;T_{jw} 为第 j 个维修部(分)队等待维修器材时间;T_{jq} 为第 j 个维修部(分)队维修总时间。

维修器材储备规模和布局的整体评价指标为

$$\begin{cases} \tau = \sum_{i=1}^{m} \omega_i \tau_i \times 100\% \\ \gamma = \sum_{j=1}^{n} \omega_j t_j \end{cases} \quad (i = 1,2,\cdots,m; j = 1,2,\cdots,n) \tag{5-4}$$

式中:τ 为保障点器材储备的满足度;γ 为维修部(分)队器材满足度;τ 为评价对象所属所有保障点器材储备的满足度(τ 大于 1 单位数量);m 为维修器材种类;n 为维修部(分)队数量;ω_j 为维修部(分)队任务重要程度权重;ω_i 为物资重要程度权重系数。

维修器材保障指挥能力是多指标评价过程,需要对指标进行综合,建立综合评价指标,即

$$\eta = \frac{\omega_1 \tau + \omega_2 \gamma}{2} \tag{5-5}$$

将式(5-4)中的 τ 和 r 代入式(5-5)后,并按照评估若设定的权重给 w_1、w_2 赋值,即得维修保障指挥能力评价模型。

第三节　维修器材运输投送能力建模

维修器材运输投送,是运用各种交通运输工具、保障力量在作战空间的各种交通运输线上组织运输人员、装备运输维修器材的各项勤务活动。主要包含维修器材运输、维修器材卸载等。

一、维修器材运输投送活动流程

维修器材运输投送的主要任务目标是将部队需要的维修器材按时、按需运输投送到需求部队,即精确运输投送。在当前条件下,维修器材需求量较大,运输投送允许时间较短,兼有战场复杂性的影响,导致运输投送的任务目标很难完成。现

阶段的运输投送评价,基本是按照一个确定的运输投送标准进行对比评价。

维修器材运输投送的要素包含运输投送装备、运输投送人员等。在建模时,需要考虑不同运输投送装备的性能、运载标准对运载量的影响,以及运输投送人员与运输投送装备的匹配度。

维修器材运输投送过程包含运输投送、卸载两个主要环节(为建模方便而设计的环节)。运输投送根据不同的运输投送方式,具有不同的运输投送流程。公路运输可称为直达运输,可以实现储备点到部队的直达运输,其流程可用运输和卸载来表示;铁路、水路、航空运输投送一般都需要进行转运,即运输投送活动包含运输、卸载、装载、转运、卸载等环节,具体流程如图 5-2 所示。

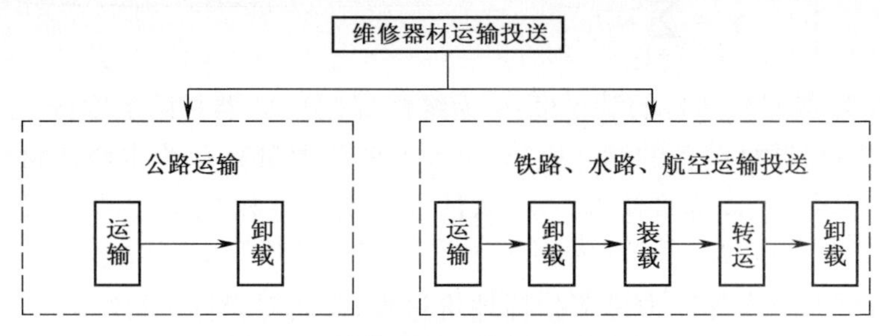

图 5-2　维修器材运输投送活动流程

二、维修器材运输投送能力指标

维修器材运输投送能力指标可以分为静态指标和任务指标两种。

静态指标是由运输投送装备性能、数量、运输投送人员等构成的固有能力,可以用单位时间运输投送量来表示。

任务指标是指运输投送单位按照任务要求,在一定环境中进行运输投送活动指标。静态指标是任务指标的基础。在运输投送过程中,无论是公路运输,还是铁路、水路、航空运输投送,其任务评价指标都可以用运输投送满足率来衡量。运输投送满足率是指运输投送量达到被保障单位需求量和需求时间的程度(在仿真建模中,可以忽略冗余运输投送量)。运输投送量满足度指标是一个匹配性要求比较高的指标,较低或过度满足都将制约作战单位的战斗能力。

三、维修器材运输投送能力建模

维修器材运输投送活动无论采用哪种运输投送工具,其建模过程都可以按照活动环节进行分别建模。

（一）维修器材出库作业建模

维修器材保障作业的出库和装载过程是串联关系，其评价指标可采用加权集方法进行设计，即出库作业效能与装载效能之积作为整体作业效能，其中出库和装载作业又可以表示为装备效能和人员效能的综合。具体表达式为：

$$\mu = \mu_c \mu_z = (\lambda_{cz}\lambda_{cr})(\lambda_{zz}\lambda_{zr}) \tag{5-6}$$

式中：μ 为维修器材保障作业效能指标；μ_c 为出库作业效能指标；μ_z 为装载作业效能指标；λ_{cz} 为出库装备效能；λ_{cr} 为出库作业人员效能；λ_{zz} 为装载装备效能；λ_{zr} 为装载人员效能。

装备效能和人员效能按照本章第一节相应内容进行建模或采用 ADC 法分析。分析过程需要考虑环境对装备和人员的影响。

在考虑作业效率的基础上，对于作业能力的评价还需要考虑作业时间、作业量。作业量指标 Q 可以表达为作业时间 t（含装载时间）和作业效能 μ 之积：$Q = \mu t$。

如果考虑不同维修器材与被维修装备故障等级的对应关系，可以将不同器材的作业时间和作业效能进行细分，并通过加权和的方式进行指标综合，即

$$Q = \sum_{i=1}^{m} Q_i = \sum_{i=1}^{m} \mu_i t_i \qquad (i = 1,2,\cdots,m) \tag{5-7}$$

式中：Q_i、t_i、μ_i 分别为第 i 种器材的作业量、作业时间和效能。

针对不同的器材对装备体系贡献度，也可以赋予不同种维修器材占总器材需求的权重，按照标准化处理后建模。

（二）维修器材卸载作业建模

第 i 个运输投送单位的装卸载量为

$$Q_i = \mu_i t_i = \eta_i n_i \alpha_i \mu_i t_i \qquad (i = 1,2,\cdots,n) \tag{5-8}$$

式中：Q_i 为装卸载量；μ_i 为第 i 个运输投送单位的装卸载效率；t_i 为装卸载时间；η_i 为装卸载装备的可用率；n_i 为装卸载装备和人员的标准化数量（统一考虑人员和装卸载装备的效率）；α_i 为装卸载效率调节因子，用于反映影响装载活动的因素变化。

（三）维修器材运输建模

第 i 个运输投送单位向 j 单位的单次运输投送量为

$$q_{ij} = \eta_{ij} k_{ij} \beta_{ij} \theta_{ij} \qquad (i = 1,2,\cdots,n; j = 1,2,\cdots,m) \tag{5-9}$$

式中：q_{ij} 为第 i 个运输投送单位向 j 单位的单次运输投送量；η_{ij} 为装卸载装备的可用率；k_{ij} 为第 i 个运输投送单位向 j 单位的单次运输投送装备数，k_{ij} 的和等于 n_i；θ_{ij}

为单个运输投送装备装载标准；β_{ij}为运输投送量调节因子，用于反映运输投送物资损耗。

第i个运输投送单位向j单位的单次运输投送距离设为S_i，则单次运输时间为

$$t_{ijy} = \sum_{e=1}^{r} \frac{S_{ije}}{\varepsilon_{ije} v_{ije}} \quad (i = 1,2,\cdots,n; j = 1,2,\cdots,m; e = 1,2,\cdots,r) \tag{5-10}$$

式中：t_{ijy}为运输时间；S_{ije}为第i个运输投送单位在第e种路况下的行驶距离；r为第i个运输投送单位在运输过程中经历的路面种类；v_{ije}为运输投送装备速度；ε_{ije}为第i个运输投送单位在第e种路况下的速度影响因子。

第j个需求单位的维修器材运输消耗时间(水路、航空、铁路运输投送运输消耗时间需要加上转运、转运卸载和装载时间)为

$$t_{ij} = t_{ijy} + t_{ijz} + \Delta t = \sum_{e=1}^{r} \frac{S_{ije}}{\varepsilon_{ije} v_{ije}} + \frac{q_{ij}}{\mu_{ij}} + \Delta t \tag{5-11}$$

式中：

$$t_{ijy} = \sum_{e=1}^{r} \frac{S_{ije}}{\varepsilon_{ije} v_{ije}}$$

$$t_{ijz} = \frac{q_{ij}}{\mu_{ij}} = \frac{q_{ij}}{\eta_{ij} n_{ij} \alpha_{ij} \mu_{ij}}$$

Δt为第j个需求单位的维修器材运输运输投送延误、等待和休息时间；t_{ijz}为第j个需求单位的维修器材卸载时间/装载时间；下标i为第i个器材储备单位；下标j为第j个需求单位。

第j个需求单位的维修器材量满足度为

$$\sigma_j = q_{ij}/q_j = \frac{\eta_{ij} k_{ij} \beta_{ij} \theta_{ij}}{q_j} \quad (i = 1,2,\cdots,n; j = 1,2,\cdots,m) \tag{5-12}$$

式中：σ_j为第j个需求单位的维修器材满足度；q_j为第j个需求单位的维修器材需求量(可提供需求量)。

注意：同一个单位的多次运输分别计算，其维修器材满足率可以累加。

第j个需求单位的维修器材量运达时间满足度为

$$\tau_j = t_{ij}/t_j \quad (i = 1,2,\cdots,n; j = 1,2,\cdots,m) \tag{5-13}$$

式中：τ_j为第j个需求单位的维修器材运达时间满足度；t_j为第j个需求单位的维修器材需求时间要求。

运输投送的指标要求运输投送量和时间的匹配性，由此建立匹配性指标，即

$$\rho = \sum_{j=1}^{m} \omega_j (f(\sigma_j) + f(\tau_j))/2 \tag{5-14}$$

式中：

$$f(\sigma_j)=\begin{cases}\sigma_j & (0<\sigma_j<1)\\ 1 & (\sigma_j=1)\\ 1/\sigma_j & (\sigma_j>1)\end{cases},\quad f(\tau_j)=\begin{cases}\tau_j & (0<\tau_j<1)\\ 1 & (\tau_j=1)\\ 1/\tau_j & (\tau_j>1)\end{cases}$$

ω_j为满足度的权重,权重的确定需要根据主要作战方向和体系贡献率等,通过仿真、专家咨询等方法确定。另外,$f(\sigma_j)$和$f(\sigma_j)$中,当变量大于1时的函数表达形式可以探讨使用其他函数表示其匹配性。

第四节　维修作业能力建模

维修作业是指将装备恢复到规定技术状态所进行的各项技术活动。装备维修能力是装备维修能力的核心环节。在维修作业能力评估过程中,需要根据不同的维修环境和任务对活动进行分级,不同等级维修能力的评价方法有所不同。

一、装备维修作业活动流程

装备修理的基本任务是运用各种修理方法和技术手段,迅速恢复装备的局部功能或全部功能,达到规定的技术状态,从而满足装备遂行任务的需要。其主要内容是:掌握和分析装备的技术状况,以及各种修理资源的状况;制定修理计划,组织修理力量对装备进行修理;实施装备修理的技术管理和质量监控;分配和使用修理经费;组织开展装备修理科研和学术交流等。在装备维修活动中,需要根据建模和仿真需要对装备维修作业流程进行简化。

简化后的装备维修作业流程要保留其核心要素。主要包含现地抢修、野战维修和后方维修。现地抢修包含战场现地抢修和抢救;野战维修和后方维修是指按照维修作业要求程序开展的作业活动。具体作业流程可以参考第二章第二节相关内容。

二、维修作业活动能力评价指标

装备维修保障能力的评价指标也可以按照静态指标和任务指标来区分。

静态能力用平均故障修复时间来评价,为了提高评价的准确性,对不同故障或损伤等级的平均故障修复时间分别计算。

任务指标用装备修复率评价,其中现地抢修要考虑装备的抢救率和毁伤率。

三、维修作业活动能力建模

在装备维修目标确定的基础上,根据能力评价指标,考虑维修器材、维修环境等约束,进行维修作业活动建模。

(一) 装备维修作业任务

明确维修任务量 W 对于装备维修能力评估而言,维修任务量包含两部分:一是装备技术故障;二是战场损伤量。装备技术故障数可以通过试验和统计数据得出;战场损伤量则根据模拟对抗进程实时计算。计算方法参考第三章相关内容。

维修任务量的表达式为

$$W(t)=\sum_{i=1}^{n}(W_{ic}(t)+W_{iz}(t))=\sum_{i=1}^{n}(M_i\int_0^t f_{ic}(x)+M_iD_{iz}(t)) \quad (i=1,2,\cdots,n) \tag{5-15}$$

式中:W 为维修任务总量;W_{ic} 为第 i 个作战单位装备的技术故障数;W_{iz} 为第 i 个作战单位装备的作战损伤数;M_i 为第 i 个作战单位装备数;$f_{ic}(x)$ 为第 i 个作战单位装备的技术故障分布函数;$D_{iz}(t)$ 为第 i 个作战单位装备的损伤率。

需要注意的是,在进行维修能力时,为了使任务和能力的计算标准相统一,可以将维修任务量统一用维修标准工时数表示。

针对总的任务量,根据经验或统计数据,确定技术故障和作战损伤装备轻度损伤率、中度损伤率、重度损伤率和报废率,技术故障率从轻度故障率到报废率分别记为 c_{d1}、c_{d2}、c_{d3}、c_{d4};战时损伤故障率从轻度故障率到报废率分别记为 z_{d1}、z_{d2}、z_{d3}、z_{d4},则每个作战单位轻度、中度、重度和报废装备数量分别为

$$W_{id1}(t)=W_{ic}(t)c_{d1}+W_{iz}(t)z_{d1} \tag{5-16}$$

$$W_{id2}(t)=W_{ic}(t)c_{d2}+W_{iz}(t)z_{d2} \tag{5-17}$$

$$W_{id3}(t)=W_{ic}(t)c_{d3}+W_{iz}(t)z_{d3} \tag{5-18}$$

$$W_{id4}(t)=W_{ic}(t)c_{d4}+W_{iz}(t)z_{d4} \tag{5-19}$$

式中:W_{id1}、W_{id2}、W_{id3}、W_{id4} 分别为第 i 个作战单位装备轻度、中度、重度和报废装备数量。

另外,式(5-16)~式(5-19)中的损伤率和故障率满足

$$c_{d1}+c_{d2}+c_{d3}+c_{d4}=1$$

$$z_{d1}+z_{d2}+z_{d3}+z_{d4}<1$$

其中,装备战时损伤量还包含不能实现现地抢修,且不能抢救的装备损耗。

按照不同的故障等级,通过经验或者统计分析,可以得出每种故障或损伤的平

均修复时间(标准工时),记为 T_{id1}、T_{id2}、T_{id3}、T_{id4}。维修总工时为

$$T_d = \sum_{i=1}^{n} T_{id} = \sum_{i=1}^{n} (T_{id1} + T_{id2} + T_{id3} + T_{id4}) \tag{5-20}$$

式中:T_d为维修任务工时总需求量。

(二) 维修单位作业能力建模

装备维修作业单位的维修作业能力通过维修人员、装备和维修资源共同构成。维修资源包括维修器材、维修设备设施等,其不仅是构成维修能力的要素,也是维修静态能力转化为任务能力的约束。

装备维修作业单位的维修能力的评价指标是故障的平均修复时间,体现在工时上,即是单位时间内可以提供的标准工时数。

设第 j 个维修单位维修人数为 p_j,维修装备数为 q_j,维修单位第 j 个所属维修装备需要的平均维修人员数为 r_j,轻度故障和损伤装备维修工具设为足量、随人员数量足额配备;且轻度故障和损伤不使用维修装备,则第 j 个维修单位能够提供的人均标准工时数为

$$T_{jM} = T_{jp} + T_{jq} = s_{jp}\int_{t_0}^{t} (\alpha_j p_j + \beta_j(p_j - r_j q_j))\, t_{jp} + s_{jq}\int_{t_0}^{t} \beta_j r_j q_j t_{jp} \tag{5-21}$$

式中:T_{jM}为第 j 个维修单位能够提供的人均标准工时数;T_{jp}为第 j 个维修单位的维修人员能够提供的人均标准工时数;T_{jq}为第 j 个维修单位维修装备能够提供的人均标准工时数;s_{jp}为影响第 j 个维修单位人员效能的环境综合系数;s_{jq}为影响第 j 个维修单位维修装备效能的环境系数;α_{jp}为第 j 个维修单位维修人员的作业时间和任务时间系数;β_{jq}为第 j 个维修单位维修装备的作业时间和任务时间系数;t_{jp}为第 j 个维修单位维修人员的作业时间变量;β_{jq}为第 j 个维修单位维修装备的作业时间变量。

需要注意的是,α_{jp}、β_{jq}不是单个维修人员或装备的可工作和任务时间之比,而是综合考虑了人员轮换因素、装备有效性和维修样式的一个综合系数。

第 j 个维修单位能够提供的总工时数 T_M 可以表示为

$$T_M = \sum_{j=1}^{m} T_{jM} = \sum_{j=1}^{m} (T_{jp} + T_{jq}) \tag{5-22}$$

对第 i 个作战单位而言,可以利用维修单位在作战单位停留的有效时间计算(有效时间是指维修单位展开后实际保障作战单位的时间),即

$$T_{iM} = T_{ip} + T_{iq} \tag{5-23}$$

有效时间与第 j 个维修单位能够提供的人均标准工时数不同之处在于积分时间区间计算方法不同。

当考虑维修器材等资源对维修作业的制约时，有效维修工时数的计算可以通过维修资源与可提供工时数进行比较取值获得。

第 j 个维修单位能够提供给第 i 个作战单位的维修器材总量包含两部分：携带量和在维修关系存续时间之前 Δt 时间（Δt 时间用于运抵器材的维修作业）内运达维修器材数量，即

$$Q_{kji} = n_{ix} + \lambda_{ji} \times q_{kj} \times \int_{t_0}^{t} \mathrm{int}(t/t_{kj}) \tag{5-24}$$

式中：Q_{kji} 为第 k 个维修器材储备点从 t_0 时刻到时刻 t 向 j 个维修单位提供的维修器材总数（时刻 t 不包含 Δt 时间，且 t 为储备点有器材储备状态的有效时间）；n_{ix} 为第 i 个作战单位维修器材携带量；t_{kj} 为第 k 个维修器材储备点单次向 j 个维修单位提供维修器材所耗费的时间；q_{kj} 为第 k 个维修器材储备点单次向 j 个维修单位提供的维修器材数量；λ_{ji} 为第 j 个维修单位向第 i 个作战单位提供的维修器材比例。

针对运达的维修器材数量，可以按照特定的规则，设定用于不同故障等级的维修器材比例，并通过经验或统计规律设定不同等级故障的平均维修工时数，从而得出维修器材与维修工时的对应关系：

$$T_{in} = Q_{kji}\eta_{n1}T_{n1} + Q_{kji}\eta_{n2}T_{n2} + Q_{kji}\eta_{n3}T_{n3} + Q_{kji}\eta_{n4}T_{n4} \tag{5-25}$$

式中：T_{in} 为供应给第 i 个作战单位维修器材能够保障的维修工时量；η_{n1}、η_{n2}、η_{d3}、η_{d4} 分别为轻度、中度、重度和报废故障或损伤器材比例（假设供应器材数量小于需求数量）；T_n、T_{n2}、T_{n3}、T_{n4} 分别为轻度、中度、重度和报废故障或损伤装备维修需要的工时数量。

由此，得到实际能够完成的装备维修作业工时量为

$$T_{is} = \min(T_{in}, T_{iM}) \tag{5-26}$$

按照维修能力指标，维修作业的维修满足率可以表示为

$$\gamma = \sum_{i=1}^{n} \omega_i \frac{T_{is}}{T_{id}} \tag{5-27}$$

式中：γ 为维修单位任务能力指标；ω_i 为不同作战方向、不同作战单位的维修任务完成度的权重；T_{is} 为完成的第 i 个作战单位维修工时数；T_{id} 为第 i 个作战单位维修工时需求数。

第六章
装备维修体系能力解析建模方法

装备维修体系是一个由多个装备维修活动构成的系统,每个活动过程都有自己的评价指标,并综合构建成为装备维修能力评价指标体系,即装备维修能力评价是一个多指标综合评价问题。对于指标评价问题,在确定系统的各个活动评价指标后,需要对指标进行综合,然后根据综合指标建立相应的系统模型。

第一节 装备维修能力评估指标综合

指标综合是对多指标评估过程而言是十分重要的。多个指标间可能存在量纲差异、目的差异等问题,需要将指标综合为一个指标。评估指标综合主要有标准化和赋权两个过程。

一、量纲处理

在评估过程中,一般各个指标值的单位和量级是不相同的,这样各指标之间存在着不可公度性,给系统评估带来了不便。为了尽可能反映实际情况,排除由于各项指标的单位不同以及数值数量级之间的悬殊差别所带来的影响,避免发生不合理的现象,必须对评估指标进行无量纲量化处理。

由于各指标的评估尺度、量纲、变化范围不一样,不同的指标很难在一起进行比较和综合,因此,必须将指标体系中的指标规一化。指标归一化的目的主要是以统一的价值形式解决指标值(包括指标的量纲、量级和最佳值等)的不可公度问题,它是通过一定的数学变换消除指标量纲影响的方法,即把性质、量纲各异的指标转化为可以进行综合的一个相对数(量化值)。在实际中,人们往往不顾各个指标的性质和意义,在处理方法上避难就简,习惯一律采用线性的处理方法。但是对于大多数指标而言,指标的实际值的变化对量化值的影响并不是等比例的,因此要根据实际指标和评估方法的情况来选择不同的归一化方法。常见的有直线形方法、折线形方法和曲线形方法,且通常归一化为无量纲的0~1之间的值。

二、权重赋值

权重是表明各个评估指标重要性的权数,表示各个评估指标在总体中所起的不同作用。目前,确定权重的方法有数十种之多。根据计算权重时原始数据的来源不同,可将权重分为主观赋权法、客观赋权法和组合赋权法。

主观赋权法主要有专家咨询法、最小平方和法、AHP、特征法等,其研究比较成熟。这类方法的特点是能较好地反映评估对象所处的背景条件和评估者的意图,但各个指标权重系数的准确性有赖专家的知识和经验的积累,因而具有较大的主观随意性。

客观赋权法的原始数据来源于评估矩阵的实际数据,如熵值法、拉开档次法、逼近理想点法等。这类方法切断了权重系数的主观来源,使权重系数具有绝对的客观性,但容易出现"重要指标的权重系数小而不重要"的不合理现象。赋权的原始信息应当直接来自样本,赋权过程是深入讨论各参数间的相互联系和影响,以及它们对目标的"客观"贡献分。然而,这种方法仅能考虑数据自身的结构特性,不能建立各影响指标与评估目标间所呈现的复杂非线性映射关系,有时还需要用变量变换的方法将非线性问题转化为线性问题,这种变换依赖于建模者的经验。

组合赋权法是结合主观赋权法和客观赋权法的各自特点形成的,其做法是:首先分别在主观赋权法和客观赋权法内部找出最合理的主观赋权法和客观权重系数;然后根据具体情况确定主观赋权法和客观赋权法权重系数所占比例;最后求出综合评估权重系数。这种方法在一定程度上既反映了决策者的主观信息,又可以利用原始数据和数学模型,使权重系数具有客观性。但是,其有效性有赖于对主观赋权法和客观赋权法权重系数所占比例的确定。

针对每类赋权方法,选取一种典型方法进行简要说明。

(一)德尔菲法(主观赋权法)

德尔菲法即组织若干对评估系统熟悉的专家,通过一定方式对指标权重独立地发表见解,并用统计方法做适当处理。其具体做法如下:

(1)组织 r 个专家,对每个指标 $X_i(j=1,2,\cdots,n)$ 的权重进行估计,得到指标权重估计值 $w_{k1},w_{k2},\cdots,w_{kn}(k=1,/2,\cdots,r)$。

(2)计算 r 个专家给出的权重估计值的平均估计值:

$$\overline{w_j} = \sum_{k=1}^{r} w_{kj}/r \quad (j = 1,2,\cdots,n) \tag{6-1}$$

（3）计算估计值和平均值的偏差：

$$\Delta_{kj} = |w_{kj} - \overline{w}_{kj}|(k = 1,2,\cdots,r;j = 1,2,\cdots,n) \tag{6-2}$$

（4）对于偏差Δ_{kj}较大的第j指标权重估计值，再请k个专家重新估计权重，经过几轮反复，直到偏差满足一定的要求位置，最后得到的一组指标权重的平均估计修正值$\overline{w}_k(k = 1,2,\cdots,r)$。

（二）拉开档次法（客观赋权法）

如果从几何角度看，m个被评估对象可以看成是由n个评估指标构成的n维评估空间中的m个点（或向量）。寻求m个被评估对象的评估指（标量）就相当于把这个点向某一维空间做投影。选择指标权重系数，使得各评估对象之间的差异尽量拉大，也就是根据n维评估空间构造一个最佳的一维空间，使得各点在一维空间上的投影点最为分散，即分散程度最大。

取极大型评估指标$x_1,x_2,\cdots,x_n$的线性函数

$$y = \omega_1 x_1 + \omega_2 x_2 + \cdots + \omega_n x_n = \boldsymbol{W}^{\mathrm{T}}\boldsymbol{X} \tag{6-3}$$

为系统综合评估函数。$\boldsymbol{W}=(\omega_1,\omega_2,\cdots,\omega_n)^{\mathrm{T}}$为$n$维待定正向量（其作用相当于权重系数向量），$\boldsymbol{X}=(x_1,x_2,\cdots,x_n)^{\mathrm{T}}$为评估对象的状态向量。

如果将第i个系统的n个标准观测值$x_{i1},x_{i2},\cdots,x_{in}$代入式（6-3），可得

$$Y = \begin{bmatrix} y_1 \\ y_2 \\ \vdots \\ y_n \end{bmatrix} = \boldsymbol{AW} = \begin{bmatrix} x_{11} & x_{12} & \cdots & x_{1n} \\ x_{21} & x_{22} & \cdots & x_{2n} \\ \vdots & \vdots & & \vdots \\ x_{n1} & x_{n2} & \cdots & x_{nn} \end{bmatrix} \begin{bmatrix} \omega_1 \\ \omega_2 \\ \vdots \\ \omega_n \end{bmatrix} \tag{6-4}$$

确定权重系数向量$\boldsymbol{W}$的准则是最大限度地体现出各个系统的差异，即使指标向量$\boldsymbol{X}$的线性函数y_i的取值分散程度或方差尽可能大。

因此，m个评估对象取值构成样本的方差为

$$s^2 = \frac{1}{m}\sum_{i=1}^{m}(y_i - \overline{y})^2 = \frac{\boldsymbol{Y}^{\mathrm{T}}\boldsymbol{Y}}{m} - \overline{y}^2 \tag{6-5}$$

则$ms^2 = \boldsymbol{W}^{\mathrm{T}}\boldsymbol{A}^{\mathrm{T}}\boldsymbol{AW} = \boldsymbol{W}^{\mathrm{T}}\boldsymbol{HW}$，限定$\boldsymbol{W}^{\mathrm{T}}\boldsymbol{W} = 1$，由此得到“拉开档次法”的权重模型，即

$$\begin{cases} \max \boldsymbol{W}^{\mathrm{T}}\boldsymbol{HW} \\ \text{s. t. } \boldsymbol{W}^{\mathrm{T}}\boldsymbol{W} = 1 \\ \boldsymbol{W} > 0 \end{cases} \tag{6-6}$$

拉开档次法是突出整体差异的权重确定方法，即从整体上尽量体现各系统之间的差异，是一类“求大同存小异”的方法，具有客观、评估过程透明和保序性好的特点，但具有继承性。

（三）组合赋权法

组合赋权法是利用综合权重对指标进行优化的方法。综合权重就是从评估的根本目的出发，从评估作用的不同方面综合考虑各指标对于总体目标的影响程度，从指标集的相对重要性、信息量、独立性和可信性四个方面，通过算法综合为最终权重，称为综合权重。

综合权重的数学表达式为

$$\omega = f(\omega^i) \tag{6-7}$$

式中：$i(i=1,2,3,4)$分别为重要性权重、信息权重、独立性权重和可信性权重；f为综合算法。

1. 重要性权重

在评估指标体系的同一个层次的指标集的相对重要性中，包括指标的相对地位、作用等客体本身的或客观环境条件的因素，也包含主体的期望性因素。常用定性定量相结合的方法来诱导出评估主体（专家）的相对重要性信息并量化。一般用相邻比较法、两两赋值法、AHP 等专家参与进行。

2. 信息权重

由于各指标值所包含的信息量不同，而对被评估方案的分辨率作用大小有区别所赋予的量化值，称为信息量权重。当某些指标在个别评估方案之间差异较大时，其分辨能力较强，包含信息量较多，它们在综合评估、最终决策中的作用就大，其信息量权重也应较大。

3. 独立性权重

在理想评估指标体系中，要求指标无冗余性，希望指标之间具有独立性；但是，由于多指标决策问题的复杂性，指标体系中各指标之间难免有部分重复信息存在，使它们在综合评估中过多地发挥作用，因此，需用独立性权重来减小这种作用。

用相关系数法进行指标筛选时，把指标间相关性最大的指标删去了，但是剩余指标间仍存在较小的相关性，在评估中仍然发挥多余的作用，通过确定独立性权重来减弱这种作用，与相关系数法并不矛盾。因此，提出独立性权重还可以通过相关系数法进行确定。

若 m 个指标间的相关系数矩阵 $\boldsymbol{R}=[r_{ij}]_{m\times n}$，则

$$r_{ij} = \frac{E([f_i - E(f_i)][f_j - E(f_j)])}{\sigma_{f_i} \cdot \sigma_{f_j}} \tag{6-8}$$

均方差为

$$\sigma_{f_{i(j)}} = \left[\sum_{k=1}^{n} \left(f_{i(j)}(x_k) - E(f_{i(j)}(x_k))\right)^2 / n \right]^{\frac{1}{2}} \tag{6-9}$$

期望值为

$$E(f_{i(j)}) = \sum_{k=1}^{n} f_{i(j)}(x_k) P(f_{i(j)}(x_k)) \tag{6-10}$$

若 $r_{ij}<0$,则取 $r_{ij}=0$。对 r_{ij}按列求和:

$$\sum_{i=1}^{m} r_{ij} = r_j \quad (j = 1,2,\cdots,m) \tag{6-11}$$

同理,r_j表示其他各指标在第 j 个指标值中信息的重复程度,即相关性程度,可得独立性权重系数为

$$\omega_j^3 = r_j^{-1} \Big/ \sum_{j=1}^{m} r_j^{-1} = r_j \quad (j = 1,2,\cdots,m) \tag{6-12}$$

该方法需要知道各指标的概率分布,即

$$P(f_j(x)) \quad (j = 1,2,\cdots,m) \tag{6-13}$$

4. 可信性权重

可信性权重是从评估指标数值的可信程度大小判定其重要程度而确定的权数,如果指标数据可靠性高,则应在评估中多起作用,权数就较大。在集值统计中,利用方差表征样本离散度的概念,可得属性可信性权重。可以利用集值统计法求得量化值的可信性值。

设 $x_{ij}(i=1,2,\cdots,n;j=1,2,\cdots,m)$为系统在 i 种方案的第 j 个指标的数值。应用统计学中方差表征样本离散性的概念可以定义

$$d(f_j) = \sigma_j \Big/ \sum_{i=1}^{m} \sigma_i \quad (j = 1,2,\cdots,m) \tag{6-14}$$

式中:

$$\sigma_j = \sqrt{\frac{1}{n} \sum_{i=1}^{n} (x_{ij} - \bar{x}_j)^2} \quad (j = 1,2,\cdots,m)$$

而

$$\bar{x}_j = \frac{1}{n} \sum_{i=1}^{n} x_{ij} \quad (j = 1,2,\cdots,m) \tag{6-15}$$

因为 $d(f_i)$ 与可靠性成反比,所以可以用下式作为可靠性权重:

$$\omega_j^4 = (1 + d(f_j))^{-1} \Big/ \sum_{i=1}^{m} (1 + d(f_j))^{-1} \quad (j = 1,2,\cdots,m) \tag{6-16}$$

5. 综合权重

根据综合评估的实际需求和可能,综合上述四个方面的权重,可以弥补主客观赋权法的不足。但是存在一个如何综合的问题,常用下述两种算法求综合权重 W。

(1) 乘法:

$$\omega_j = \prod_{k=1}^{4} \omega_j^k \Big/ \sum_{i=1}^{m} \prod_{k=1}^{4} \omega_j^k \quad (j = 1,2,\cdots,m) \tag{6-17}$$

此种方法的特点是对各权重作用一视同仁,此种综合方法适合于各权重没有明显的特别小的值。

(2) 加法:

$$\omega_j = \sum_{k=1}^{4} \lambda_k \omega_j^k \Big/ \sum_{i=1}^{m} \sum_{k=1}^{4} \lambda_k \omega_j^k \quad (j = 1,2,\cdots,m) \tag{6-18}$$

式中:λ_i为四种权重的权系数,其和为 1,λ_i一般取值为 0.25,也可以由专家确定四种权重的权系数。加法的特点是各种权重之间有线性补偿作用。

第二节 装备维修能力多元统计评估方法

在装备维修能力评估过程中,可能存在由于评估角度不同,出现指标集比较复杂的情况。直接利用指标赋权综合法时,由于指标较多且相互关系不明确,容易引起工作量大的问题。同时可能存在多种指标关系不明确,导致评估结果难以应用的情况。因此,可以利用多元统计的方法,将指标按照一定的准则进行简化和独立性设计。常用的方法有主成分分析法、因子分析法(主成分分析法的延伸)、聚类分析法、判别分析法等。下面对主成分分析法、聚类分析法进行简要介绍。

一、主成分分析法

主成分分析(Principal Component Analysis,PCA)法是多元统计学中解决多变量高维复杂系统的简便、有效的数学方法。其基本思想就是寻找一组新的变量代替原有变量,新变量是原变量的高度综合和最佳简化。该方法近来已成为构造系统评估指数和系统数据评估排序的重要方法。

主成分分析的基本方法是通过构造原变量的适当的线性组合,以产生一系列互不相关的新变量,从中选出少数几个新变量并使它们含有尽可能多的原变量带有的信息,从而使得用这几个新变量代替原变量分析问题和解决问题成为可能。当研究的问题确定之后,变量中所含“信息”的大小通常用该变量的方差或样本方差来度量。评价指标体系构建方法如图 6-1 所示。

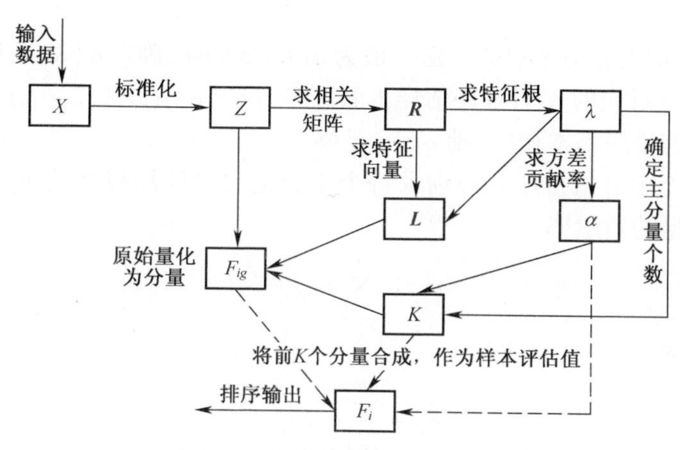

图 6-1　评价指标体系构建方法

其中,需要注意以下问题:

(1) 原始数据标准化必须用 Z-Score 法。

(2) 求指标数据间的相关系数矩阵 $\boldsymbol{R}$。

$$r_{jk} = \frac{1}{n-1}\sum_{i=1}^{n} \frac{(x_{ij} - \bar{x}_j)}{s_j}\frac{(x_{ik} - \bar{x}_k)}{s_k} \text{ 或 } r_{jk} = \frac{1}{n-1}\sum_{i=1}^{n} Z_{ij}Z_{jk} \tag{6-19}$$

式中:$r_{ii}=1, r_{jk}=r_{kj}$。

(3) 求 $\boldsymbol{R}$ 矩阵的特征根、特征向量和贡献率。$\boldsymbol{R}$ 的特征方程为

$$|\lambda_g \boldsymbol{I}_p - \boldsymbol{R}| = 0 \tag{6-20}$$

式中:$\lambda_g(g=1,2,\cdots,P)$ 为对该方程式求得的特征根,它是主分量的方差,其大小描述了各个主分量再描述被评估对象上所起作用的大小。用 $\boldsymbol{L}$ 表示一个 P 维实向量,由方程组 $|\lambda_g \boldsymbol{I}_p - \boldsymbol{R}|\boldsymbol{L}_g = 0$ 求得的向量 $\boldsymbol{L}_g$ 为特征根 λ_g 对应的特征向量,即标准化向量 $\boldsymbol{Z}_j$ 在新坐标系下各分量上的系数。

其中,

$$\alpha_g = \lambda_g \Big/ \sum_{g=1}^{P} \lambda_g \tag{6-21}$$

表示每个分量占总量的信息量,即贡献率。

(4) 确定主分量的个数 K。一般来说,分量个数等于原始变量个数。如果原始变量个数较多,通常对每个样本值就前面 K 个主分量进行分析,而忽略后面 $P-K$

个分量，这 K 个主分量保留原始变量信息的比例为

$$\alpha(K)=\left(\sum_{g=1}^{K}\lambda_g\right)\bigg/\left(\sum_{g=1}^{P}\lambda_g\right) \tag{6-22}$$

确定主分量个数实质上就是要在 K 与 $\alpha(K)$ 之间进行平衡，一方面要使 K 尽可能地小；另一方面要使 $\alpha(K)$ 足够大，即以较少的分量求得原始变量的足够多的信息。

原则上，确定主分量个数的方法一般为 $a(K)\geqslant 85\%$，确定 $\alpha(K)$ 足够大的依据是：由阈值 $\alpha(K)$ 对应的 K 对被评估样本的排序，若与 $K+j(j=1,2,\cdots,p-K)$ 个主分量对评估样本的排序基本相同，则 $\alpha(K)$ 足够大。

(5) 用 K 个主分量排序。分别求每个主分量的线性加权和值 $F_{i1}\sim F_{iK}$，然后再用每个主分量的贡献率

$$F_{ig}=\sum_{j=1}^{P}L_{ij}Z_{ij} \tag{6-23}$$

作为权重数求 F_{ig} 的加权和，即

$$F_i=\sum_{g=1}^{P}d_gF_{ig} \tag{6-24}$$

式中：

$$d_g=\lambda_g\bigg/\sum_{g=1}^{P}\lambda_g$$

以 F_i 作为多指标综合评估值。

由于同一个被评估对象在不同样本集合中的均值和离散程度是变化的，因而协方差矩阵也是变化的。由此计算出来的主成分与方差贡献率不同，所综合评估的结果是变化的，因此主成分分析适用于一次性评估。

由主成分分析的基本原理可知，其主要作用就是将若干相关指标进行综合，根据相关程度的高低可以得出主成分的作用效果不完全相同，如图 6-2 所示。

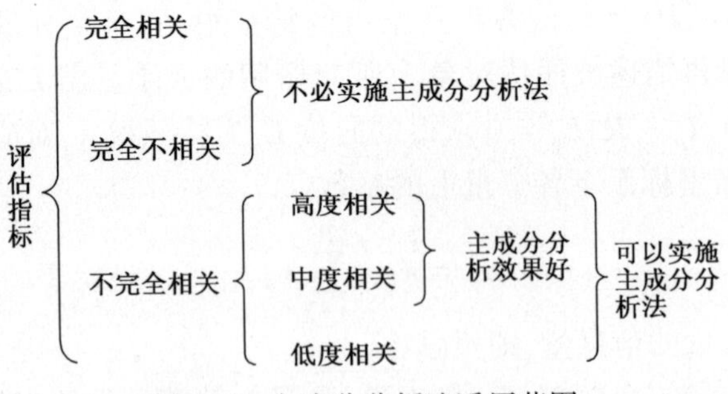

图 6-2 主成分分析法适用范围

二、聚类分析法

聚类分析是根据“物以类聚”的道理,对样品或指标进行分类的一种多元统计分析方法。它将个体或对象分类,使得同一类中的对象之间的相似性比与其他类对象的相似性更强。聚类分析的目的是使类内对象的同质性最大化和类间对象的异质性最大化。聚类分析的基本思想为:从一批样本的多个观测指标中,找出能度量样本之间或指标之间相似程度(亲疏关系)的统计量,构成一个对称的相似性矩阵。在此基础上,进一步寻找各样本(或变量)逐一归类。关系密切的归类聚集到一个小的分类单位,关系疏远的聚类到一个大的分类单位,直到样本或变量都聚集完毕,形成一个亲疏关系谱系图,用于更自然和直观地显示分类对象(个体和指标)的差异和联系。聚类分析是研究样品或指标分类问题的一类多元统计分析方法的总称,它包括多种方法,如系统聚类法、模糊聚类法。其中心思想是将相似元素归为一类。在评估中使用最为广泛的是系统聚类法中的距离分析方法。

系统聚类分析的一般步骤如下:

(1) 将被评估的 n 个样本 $X_1,X_2,\cdots,X_n$ 看成 n 个类,此时,类间距离与样本之间的距离相等。将 $\boldsymbol{D}_{(0)}$ 记为初始距离矩阵。

(2) 按照被评估对象的评估指标体系的特征,选择适当的“距离”作为不相似性度量,并找出相应的类间距离 D_{pq}。

(3) 将与 D_{pq} 对应的类合并为一类,即选择 $\boldsymbol{D}_{(0)}$ 中与 D_{pq} 对应的 G_p 与 G_q 合并为新类 G_r,即 $G_r=G_p\cup G_q$。求出新类与其余类之间的距离 D_{rk},用 D_{rk} 代替 $\boldsymbol{D}_{(0)}$ 中的 p、q 行和 p、q 列,得到距离对称矩阵 $\boldsymbol{D}_{(1)}$。依此类推,求解 $\boldsymbol{D}_{(w)}$,并合并相应的类。值得注意的是,当距离矩阵中的最小元不止一个时,应该将对应类合并。

(4) 重复步骤(3),直至所有类归为一类;或者,在给定聚类阈值 T 时,当 $D_{rk}\leqslant T$ 时,聚类过程可以结束。

(5) 在所取“距离意义”下,画出按相似性或相近程度连接的谱系图。

(6) 按综合评估的精度要求,选择阈值,确定聚类结果并给出评估结论。

由上述过程可以看出,聚类分析要以样本之间的距离作为评判依据,下面介绍关于样本间距 d_{ij} 和类间距离 D_{pq} 的有关计算方法和定理。

1. 距离定理

设 $A_1,A_2,\cdots,A_m$ 为 m 个样本,每个样本为 n 维向量,即 $\boldsymbol{X}_i=(x_{i1},x_{i2},\cdots,x_{im})^{\mathrm{T}}$。第 i 个样本 X_i 与第 j 个样本 $\boldsymbol{X}_j$ 之间建立了一个函数关系式 $d_{ij}=d(X_i,X_j)$,如果它满足如下条件:

(1) 非负性:$d_{ij}\geqslant 0$,对一切 i、j 成立。

（2）规范性：$d_{ij}=0$，当且仅当向量 $\boldsymbol{X}_i=\boldsymbol{X}_j$。

（3）对称性：$d_{ij}=d_{ji}$，对一切 i,j 成立。

（4）三角不等式：$d_{ij}\leqslant d_{ik}+d_{kj}$，对一切 i,j 成立。

则 d_{ij} 称为样本 X_i 与样本 $\boldsymbol{X}_j$ 的距离。

常见的统计距离有闵可夫斯基距离 $d_{ij}(l)$，即

$$d_{ij}(l)=\left[\sum_{k=1}^{l}|x_{ik}-x_{jk}|^{l}\right]^{\frac{1}{l}}\quad(i,j=1,2,\cdots,m)\tag{6-25}$$

当 $l=1,2$ 及 $l\to\infty$ 时，分别得到绝对距离、欧几里得距离及切比雪夫距离。

得到样本间距离后，按照距离对各个样本进行分类，得到 m 个类，记为 $G_1,G_2,\cdots,G_m$，进而求解类间距离，以便进一步聚类。一般地，用 D_{pq} 表示 G_p 与 G_q 间距离。

2. 求解类间距离的方法

（1）最短距离法：

$$D_{(0)}=(d_{ij}),D_{pq}=\min_{i\in G_p,j\in G_q}d_{ij}\tag{6-26}$$

$$D_{rk}=\min_{i\in G_p,j\in G_q}d_{ij}=\min\left\{\min_{i\in G_p,j\in G_k}d_{ij},\min_{i\in G_q,j\in G_k}d_{ij}\right\}=\min\{D_{pk},D_{qk}\}\tag{6-27}$$

（2）最长距离法：

$$D_{(0)}=(d_{ij}),D_{pq}=\max_{i\in G_p,j\in G_q}d_{ij}\tag{6-28}$$

$$D_{rk}=\max_{i\in G_p,j\in G_q}d_{ij}=\max\left\{\min_{i\in G_p,j\in G_k}d_{ij},\min_{i\in G_q,j\in G_k}d_{ij}\right\}=\max\{D_{pk},D_{qk}\}\tag{6-29}$$

（3）中间距离法：

$$D_{(0)}=(d_{ij}^2),D_{pq}=\min_{i\in G_p,j\in G_q}d_{ij}\tag{6-30}$$

$$D_{rk}^2=\frac{1}{2}D_{pk}^2+\frac{1}{2}D_{qk}^2-\frac{1}{4}D_{pq}^2\tag{6-31}$$

（4）重心法：

$$D_{pq}=d_{\overline{X}_p\overline{X}_q}\tag{6-32}$$

式中：$\overline{\boldsymbol{X}}_p$ 和 $\overline{\boldsymbol{X}}_q$ 为两类向量的均值向量。

$$D_{rk}^2=\frac{n_p}{n_r}D_{pk}^2+\frac{n_q}{n_r}D_{qk}^2-\frac{n_pn_q}{n_r^2}D_{pq}^2\tag{6-33}$$

式中：n_p、n_q、n_r 分别为 G_p、G_p、G_r 中样本数目。

（5）类平均法：

$$D_{pq}^2=\frac{1}{n_pn_q}\sum_{i\in G_p,j\in G_q}d_{ij}^2\tag{6-34}$$

$$D_{rk}^2 = \frac{n_p}{n_r}D_{pk}^2 + \frac{n_q}{n_r}D_{qk}^2 \tag{6-35}$$

式中：n_p、n_q、n_r分别为 G_p、G_p、G_r中样本数目。

（6）可变类平均法：

$$D_{pq}^2 = \frac{1}{n_p n_q}\sum_{i \in G_p, j \in G_q} d_{ij}^2 \tag{6-36}$$

$$D_{rk}^2 = \frac{n_p}{n_r}(1-\beta)D_{pk}^2 + \frac{n_q}{n_r}(1-\beta)D_{qk}^2 + \beta D_{pq}^2 \quad (\beta < 1) \tag{6-37}$$

（7）可变法：

$$D_{pq}^2 = \frac{1}{n_p n_q}\sum_{i \in G_p, j \in G_q} d_{ij}^2 \tag{6-38}$$

$$D_{rk}^2 = \frac{1-\beta}{2}(D_{pk}^2 + D_{qk}^2) + \beta D_{pq}^2 \quad (\beta < 1) \tag{6-39}$$

若事先对总体有几种类型无从知晓，则要想知道观测到的个体的具体分类情况，就需要用聚类分析法。其优点是直观，结论形式简明。缺点是在样本量较大时，要获得聚类结论有一定困难。

研究事物分类问题的基本方法有两种：一是聚类分析；二是判别分析；判别分析方法用来判别样本所属类型的一种方法。与聚类分析不同，判别分析事先已经掌握的有关信息，属于有师学习，而聚类分析属于无师学习。判别分析是根据观察到的一些统计数字特征，对客观事物进行分类，以确定事物的类别。它的特点是已经掌握了历史上每个类别的若干样本，从中总结出分类的规律性，建立判别公式，当遇到新的事物时，只要根据总结出来的判别公式，就能判别事物所属的类别。其主要思想也是将指标进行分类综合评估，具体判别方法参考相关文献。

第三节　装备维修能力解析建模评估方法

由于评估对象大多比较复杂，属性有多个，而且主体要求实现目标一般也有多个，在实际中往往这些目标又是相互矛盾的，或者是无法简单进行加权综合的，而且一个方案不可能使每个目标都达到最优。因此，评估问题总是一个多元评估的问题。装备维修保障能力评估属于多指标评估范围，当构成指标体系的多个指标间不能简单采用加权积法、加权和法进行综合建模时。可以采用灰色评估法、物元分析法和灰色物元组合法等。

一、灰色评估法

灰色是介于黑与白之间的一系列颜色，在视觉中包含有正面和负面的含义，使用灰色评估难以获得精确的评估结论，但其评估结果也不会偏离实际情况很远。灰色系统是一个信息不完全、不充分的系统，区别于信息完全、明确的白色系统和信息匮乏的黑色系统。系统信息不完全可表现为：系统因素不完全清楚，或系统中因素之间的关系不完全明确，或系统结构不完全知道，或系统的运行机制与状态不完全明白等。

灰色系统是通过处理灰元使系统从结构上、模型上、关系上由灰变白，不断加深对系统地认识，获取更多地有效信息。其任务是利用少数数据建模，目标是建立微分方程模型，以时间序列表征行为特点，具有动态性，致力于现实规律地探讨，其核心是灰色模型。

灰色系统与模糊数学的区别主要在于对系统内涵与外延处理态度不同，研究对象内涵与外延性质的不同，即“灰色”概念着重研究外延明确、内涵不明确的对象，“模糊”概念则是研究外延不明确、内涵明确的对象。灰色分析法的种类很多，如灰色关联分析法、最小二乘灰色关联分析法、灰色聚类分析法和灰色 APH 等。下面以灰色关联分析法为例进行简要说明。

（一）灰色关联分析法

灰色关联分析是发展态势的量化比较分析，是几何曲线间几何形状的分析比较，即几何形状越接近，则发展变化态势越接近，关联度越大。灰色关联分析的目的就是通过一定的数据处理方法，寻求系统中各因素间相互制约、相互依赖的关系，找出影响系统目标的主要因素，从而掌握事物的主要特征，抓住主要矛盾，促进引导系统完善。

灰色系统关联分析法是一种多因素统计分析方法，以各个因素的样本数据为依据，用灰色关联度来描述因素间关系的强弱、大小和次序，主要是分析各个组成因素与整体的关联大小。操作的对象是各个因素的时间序列，而对于多指标综合评估对象可以把比较序列看成由被评事物的各项指标值构成的序列。参考序列是一个理想的比较标准，受到距离评估方法的启示，选最优指标数据和最劣指标作为参考数列，比较各个作战方案与最优和最劣方案的关联程度，评估各个方案相互之间的优劣。一般步骤如下：

（1）确定评估指标体系，其中待评估的方案集，记为 $A=\{a_1,a_2,\cdots,a_m\}$；评估方案优劣的指标集，记为 $C=\{c_1,c_2,\cdots,c_m\}$。

（2）确定得到原始评估矩阵 $\boldsymbol{Y}$。

（3）数据的标准化处理。由于各种指标的量纲不一样，为了消除不同指标间不可公度性的影响，保证指标间相同因素的可比性，对原始数据分别用以下两式之一进行无量纲标准化处理，即

$$\boldsymbol{X}_{ij} = \left[y_{ij} - \min_{1 \leqslant j \leqslant m} y_{ij} \right] \Big/ \left[\max_{1 \leqslant j \leqslant m} y_{ij} - \min_{1 \leqslant j \leqslant m} y_{ij} \right] \tag{6-40}$$

$$\boldsymbol{X}_{ij} = \left[\max_{1 \leqslant j \leqslant m} y_{ij} - y_{ij} \right] \Big/ \left[\max_{1 \leqslant j \leqslant m} y_{ij} - \min_{1 \leqslant j \leqslant m} y_{ij} \right] \tag{6-41}$$

式中：j 为方案号；i 为性能指标号。式(6-40)适用于值越大越好的因素属性；式(6-41)适用于值越小越好的因素属性。所有因素进行无量纲化处理得到评估矩阵 $\boldsymbol{X}$。

（4）灰色关联系数计算。对于参考数列 X_0，比较数列 $X_0, X_2, \cdots, X_n$，令 $R = |X_{0j} - X_{ij}|$，有

$$\boldsymbol{Z}_{ij}\varepsilon_{ij}^{0} = \frac{\min\limits_{i} \min\limits_{j} R + u \times \max\limits_{i} \max\limits_{j} R}{R + u \times \max\limits_{i} \max\limits_{j} R} \tag{6-42}$$

式中：ε_{ij}^{0} 为 X_{0j}和 X_{ij}的相对差值，即关联系数。其中 u 为分辨系数，为了扩大关联系数的差异显著性，提高关联度的分辨效果，取值[0,1]。经证明，u 应大于 0.4，通常为 0.5~1。

（5）求关联度。关联度系数很多，信息分散，它的每一个值表明某一个指标两个数列的关联程度。为表现总体上两个数列的关联程度，并对所有关联系数取平均值，即

$$r_i = \frac{1}{n} \sum_{j=1}^{n} \varepsilon_{ij}^{0} \tag{6-43}$$

式中：r_i为对 X_0的关联度，称为绝对值关联度。用于特定作战方案最后定量的评估，以及各个作战方案的优劣顺序，并进行分析，得到结论。

（二）特点

灰色关联分析法是一种定性和定量分析相结合的评估方法，这种方法的优点是：可以较好地解决评估指标难以准确量化和统计的问题；排除了人为因素带来的影响，使评估结果更加客观准确；整个计算过程简单，通俗易懂，易于为人们所掌握。数据不必归一处理，可用原始数据进行直接计算，可靠性强；评估指标体系可以根据具体情况增减；无须大量样本，只要有代表性的少量样本即可；对样本量的多少要求，也不需要有典型的分布规律，计算量小，即使是十几个变量/序列也可用手算。其数学方法是非统计方法，对数据量没有太高的要求，使其能够适应于很多

评估需求，在系统数据资料较少和条件不满足统计要求的情况下，更具有实用性。

这种方法的缺点是：要求样本数据具有时间序列特性。当然，该方法只是对评判对象的优劣做出鉴别，并不反映绝对水平。另外，灰色关联系数的计算还需要确定“分辨率”，而它的选择并没有一个合理的标准。需要说明的是，应用该方法进行对象评估时指标体系及权重分配也是一个关键问题，选择的恰当与否直接影响到最终评估结果。另外，常用的灰色关联度量化所求出的关联度总是正值，这不能全面反映事物之间的关系，因为事物之间既可以存在正相互关系，也可以存在负相互关系。

二、物元分析法

物元分析法是系统科学、思维科学和数学交叉的边缘学科。在物元分析中，把事物 N 及特征 c 和量值 x 的有序三元组 $R=(N,c,x)$ 作为描述事物的基本元，简称物元。其基本原理是将评估对象视为一个物元，根据各个特征/指标的特性确立每个特征的理想状态，从而生成理想方案。通过比较各方案与理想方案之间的关联系数，可得出各方案与理想方案之间的关联度，利用关联度排序即可对各个方案进行排序。

（一）基本方法

1. 确定物元

给定事物的名称 N，关于它的特征 C 的量值为 V。以有序三元组

$$R=(N,C,V)$$

作为描述事物的基本元，简称为物元。同时把事物的名称、特征和量值称为物元的三要素。例如，对于装备维修保障能力而言，用 R=（器材保障能力，运输投送能力，维修作业能力）表示。运输投送能力为一元一维的物元。

一个事物有多个特征，如果事物 N 以 n 个特征 $c_1,c_2,\cdots,c_n$ 和相应的量值 $v_1,v_2,\cdots,v_n$ 描述，则

$$R=\begin{bmatrix} & c_1 & v_1 \\ & c_2 & v_2 \\ N & \vdots & \vdots \\ & c_n & v_n \end{bmatrix}=\begin{bmatrix} R_1 \\ R_2 \\ \vdots \\ R_n \end{bmatrix} \tag{6-44}$$

式中：R 为 n 维物元，记为 $R=(N,C,V)$，$R_i=(N,C_i,V_i)(i=1,2,\cdots,n)$ 称为 R 的分物元。

2. 方案物元的描述

对于一个具体的方案来讲,其特征就是各项指标,与其相应的指标值。如果第 i 种方案有 n 项指标,各指标对应的值为 $\otimes_{ij}(i = 1,2,\cdots,n;j = 1,2,\cdots,m)$,则称为第 j 种方案的 n 维物元,记为 $\otimes R_{jn}$,即

$$\otimes R_{jn} = \begin{bmatrix} & M_j \\ c_1 & \otimes_{j1} \\ c_2 & \otimes_{j2} \\ \vdots & \vdots \\ c_n & \otimes_{jn} \end{bmatrix} \tag{6-45}$$

式中:M_j为第 j 个方案;c_i为第 j 个方案第 i 个指标,与其对应的指标值为 $\otimes_{ij}(i = 1,2,\cdots,n;j = 1,2,\cdots,m)$ 。

为了分析方便,常把 m 个方案的 n 维物元组合在一起,这种方案称为 m 个方案的 n 维复合物元,以 $\otimes R_{nm}$ 表示,第一个下标表示方案个数,第二个下标表示方案评价指标的个数,即

$$\otimes R_{nm} = \begin{bmatrix} & M_1 & M_2 & \cdots & M_m \\ c_1 & \otimes_{11} & \otimes_{12} & \cdots & \otimes_{m1} \\ c_2 & \otimes_{12} & \otimes_{22} & \cdots & \otimes_{m2} \\ \vdots & \vdots & \vdots & & \vdots \\ c_n & \otimes_{1n} & \otimes_{2n} & \cdots & \otimes_{mn} \end{bmatrix} \tag{6-46}$$

以各个特征/指标的最优状态/值作为比较的标准,或者在指标数据中选择相对最优的指标值作为比较标准,从而构成了一个 n 维的理想物元,记为 $\otimes R_{nm}$,即

$$\otimes R_0 = \begin{bmatrix} & M_0 \\ c_1 & \otimes_{01} \\ c_2 & \otimes_{02} \\ \vdots & \vdots \\ c_n & \otimes_{0n} \end{bmatrix} \tag{6-47}$$

式中:M_0为理想方案;$\otimes R_{0i}$ 为第 i 个指标相应的值的最大值、最小值或适中值,此值由相对优化原则来确定。

3. 相对优化原则

相对优化原则是构造理想方案 n 维物元的依据,有以下三种类型:

(1) 越大越优型/效益型指标:$\otimes R_{0i} =\otimes_{1j} \vee \otimes_{2j} \vee \cdots \vee \otimes_{mj}(j = 1,2,\cdots,n)$;

(2) 越小越优型/成本型指标:$\otimes R_{0i} =\otimes_{1j} \wedge \otimes_{2j} \wedge \cdots \wedge \otimes_{mj}(j = 1,2,\cdots,n)$;

(3) 适中型/适中型指标：$\otimes R_{0i}=u_{ji}$。

其中：∨、∧为取大、取小的运算符号；u_{ij}为第 j 个方案中第 i 项指标某一个指定值，即适中值。

4. 数据变换

由于各项评估指标的物理意义不同，导致数据的量纲和数量级也不相同，有必要对原始数据进行处理，使之无量纲化。数据变换常用的方法很多，这种方法需要采用区间值化处理，并与相对优化原理相对应有以下三种形式：

$$\text{效益型}\ \otimes'_{ji}=\frac{\otimes_{ji}-\min\otimes_{ji}}{\max\otimes_{ji}-\min\otimes_{ji}}(i=1,2,\cdots,n;j=1,2,\cdots,m) \quad (6\text{-}48)$$

$$\text{成本型}\ \otimes'_{ji}=\frac{\max\otimes_{ji}-\otimes_{ji}}{\max\otimes_{ji}-\min\otimes_{ji}}(i=1,2,\cdots,n;j=1,2,\cdots,m) \quad (6\text{-}49)$$

$$\text{适中型}\ \otimes'_{ji}=\frac{\min(\otimes_{ji}-u_{ji})}{\max(\otimes_{ji}-u_{ji})}(i=1,2,\cdots,n;j=1,2,\cdots,m) \quad (6\text{-}50)$$

式中：$\otimes'_{ji}$ 为经过数据变换后，第 j 个方案第 i 项指标相应的无量纲值；$\max\otimes_{ji}$、$\min\otimes_{ji}$ 分别为第 j 个方案第 i 项指标值 $\otimes_{ji}$ 中的最大值和最小值；u_{ij}为指定的第 j 个方案第 i 项指标相应的无量纲值，即指定的适中值。

5. 关联度分析

关联度是指各方案与理想方案关联性大小的度量。若以 $\otimes\boldsymbol{R}_\varepsilon$ 表示 m 个方案 u 维关联系数复合物元，则可构造关联系数物元为

$$\otimes\boldsymbol{R}_\varepsilon=\begin{bmatrix} & M_1 & M_2 & \cdots & M_m \\ c_1 & \otimes\varepsilon_{11} & \otimes\varepsilon_{12} & \cdots & \otimes\varepsilon_{m1} \\ c_2 & \otimes\varepsilon_{12} & \otimes\varepsilon_{22} & \cdots & \otimes\varepsilon_{m2} \\ \vdots & \vdots & \vdots & & \vdots \\ c_n & \otimes\varepsilon_{1n} & \otimes\varepsilon_{2n} & \cdots & \otimes\varepsilon_{mn} \end{bmatrix} \quad (6\text{-}51)$$

式中：$\otimes\varepsilon_{ji}(i=1,2,\cdots,n;j=1,2,\cdots,m)$ 为经过数据变换后第 j 个方案第 i 项指标相应的关联系数，可用下式计算：

$$\otimes\varepsilon_{ji}=\frac{\Delta_{\min}+\rho\Delta_{\max}}{\Delta_{ji}+\rho\Delta_{\max}} \qquad (i=1,2,\cdots,n;j=1,2,\cdots,m) \quad (6\text{-}52)$$

式中：$\Delta_{\min}$、$\Delta_{\max}$ 分别为绝对值差 Δ_{ji} 中的最小值和最大值，由于进行比较的各个方案的评估指标数列经过变换后一般相互交互，故有 $\Delta_{\min}=0$；Δ_{ji} 为理想方案与第 j 个方案在第 i 项指标经过数据变换为无量纲化值的绝对值，即

$$\Delta_{ji}=|\otimes'_{0i}-\otimes'_{ji}| \qquad (i=1,2,\cdots,n;j=1,2,\cdots,m) \quad (6\text{-}53)$$

式中：ρ 为分辨率，一般为 0.5~1，通常取 0.5。

6. 计算关联度

为了反映方案与理想方案在全过程中的关联程度,不致使关联系数过于分散,有必要把分散的各关联系数集中为一个值,此值就是关联度,以便于在整体上进行比较。因此,对各关联系数按加权平均进行处理,可得

$$\otimes R_k = R_\omega * \otimes R_\varepsilon \tag{6-54}$$

式中:$\otimes R_k$ 为关联度物元;* 为物元运算符号,表示在两元中对应项先乘后加的涵义;R_ω为诸事物各项指标的权重符号物元。

若以 ω_i 为每一个事物第 i 项特征的权重,若权重相等,则

$$R_\omega = \begin{bmatrix} & M_1 & M_2 & \cdots & M_m \\ \omega_1 & \omega_1 = 1/n & \omega_2 = 1/n & \cdots & \omega_m = 1/n \end{bmatrix} \tag{6-55}$$

将式(6-51)、式(6-55)代入式(6-54),可得

$$\otimes R_k = \begin{bmatrix} & M_1 & M_2 & \cdots & M_m \\ C_1 & C_1 = \frac{1}{n}\sum_{j=1}^{n} \otimes \varepsilon_{1j} & C_2 = \frac{1}{n}\sum_{j=1}^{n} \otimes \varepsilon_{2j} & \cdots & C_m = \frac{1}{n}\sum_{j=1}^{n} \otimes \varepsilon_{mj} \end{bmatrix} \tag{6-56}$$

式中:n 为各方案评估指标的个数。

7. 优劣排序

从关联度物元中按 m 个方案关联度大小进行排序。

(二) 特点

物元分析方法适用于存在或通过指标进行设定出理想方案的评估对象,适用于解决矛盾问题的评估,用相关的关联函数分析决策对象各子系统间的矛盾性和相容性,用物元变换转化不相容/矛盾问题为相容问题,并且开拓出有关的决策策略集和关键策略集,从而为管理者和决策者提供辅助决策的功能。

物元分析方法不是单纯考虑数量关系的变换和优化,它首先是最大限度地满足主系统主目标的要求,对次系统中的不相容问题采用系统物元变换、结构变换,把它们转换为相容/非矛盾问题,从而在全局中获得最优策略和决策。

三、基于灰色理论的物元组合评估法

方案的评估优化建立在方案的多指标的基础之上,多指标方案的优化都存在一些共同的特点,其中最显著的是以下两点:指标间的不可公度性和指标间的矛盾性即不相容性。指标间的不可公度性是指各个指标没有统一的度量标准,因而难

以进行比较；标准间的矛盾性是指如果采用一种方案去改进某一个指标的值，可能会使另一个指标的值变坏。例如，选用技术先进性的装备型号能使方案的先进程度提高，但同时可能使方案的经济性变坏。由于多指标之间的矛盾性和不可公度性，这里引入一种多指标方案评估优化新的方法——物元分析法。运用物元分析提供的方法，往往化不相容为相容，从而使得问题得以解决。

为了合理解决灰色不相容的问题，可把灰色理论与物元分析这两门新兴学科有机地结合起来，融化提炼，交叉渗透，对与事物特征相应量值所具有的灰色特征和影响事物各因素的不相容性，加以分析、研究、探索、开拓，提出一种新的方案评估选优方法——灰色物元分析法，来解决这类问题。其基本理论如下。

组合方法的基本思路是在物元方法的基础上，引入灰元的概念。

(1) 灰元。以有序三元组："事物、特征、灰数白化值"作为描述事物的基本元，记为 $\widetilde{\otimes} R$ 。若用 N 表示事物，c 表示事物的特征，$\widetilde{\otimes}$ 表示与该事物特征像对应的灰数白化值，则

$$\widetilde{\otimes} R = \begin{bmatrix} & N & \\ & & \\ c & & \widetilde{\otimes} \end{bmatrix} \tag{6-57}$$

灰色指标灰数白化值按照灰色评估理论的方法确定，即评估指标的综合评估值就是灰元中特征的灰数白化值：

$$\widetilde{\otimes} = Z_i^{(\varepsilon)}$$

(2) 各方案的灰色物元。对于一个具体的武器装备编成方案来讲，其特征就是各项底层指标，与其相应的灰数白化值是各指标的灰数白化值。

随后，以灰色物元代替物元评估方法中的物元进行计算，即得到基于灰色理论的物元组合评估方法结果。

为进一步分析各方案评估指标对方案优化起作用程度的变化趋势，在此引入相对关联系数的变化率来说明。设 δ_{ji} 表示相对关联系数的变化率，则

$$\delta_{ji} = \frac{\widetilde{\otimes}\,\varepsilon_{ji}}{\sum_{j=1}^{m} \widetilde{\otimes}\,\varepsilon_{ji}} \Bigg/ \frac{\widetilde{\otimes}\,\varepsilon_{j1}}{\sum_{j=1}^{m} \widetilde{\otimes}\,\varepsilon_{j1}} = \frac{\widetilde{\otimes}\,\varepsilon_{ji} \sum_{j=1}^{m} \widetilde{\otimes}\,\varepsilon_{j1}}{\widetilde{\otimes}\,\varepsilon_{j1} \sum_{j=1}^{m} \widetilde{\otimes}\,\varepsilon_{ji}} (i = 1,2,\cdots,n;j = 1,2,\cdots,m) \tag{6-58}$$

设 $\widetilde{\otimes} R_{ji}$ 为 N 表示事物，c 为第 j 个方案第 i 项指标的相对关联系数变化复合灰元；δ_i 为第 i 项指标的相对关联系数变化率的平均值，则

$$
\widetilde{\otimes} R_{\varepsilon_{ji}} = \begin{bmatrix} & M_1 & M_2 & \cdots & M_m \\ c_1 & \delta_{11} & \delta_{12} & \cdots & \delta_{m1} \\ c_2 & \delta_{12} & \delta_{22} & \cdots & \delta_{m2} \\ \vdots & \vdots & \vdots & & \vdots \\ c_n & \delta_{1n} & \delta_{2n} & \cdots & \delta_{mn} \end{bmatrix} \tag{6-59}
$$

由式(6-59)可得到各平均指标相对关联系数变化率的平均值,由此可分析出各指标对方案优化所起作用的程度,结合方案排序得出结论。

第七章 装备维修体系能力评估方法综合

为了对社会中各式各样的问题进行评价,国内外学者们构建出了数百种评估方法。面对实际问题的时候,如何选择评估方法成了很大的问题。甚至出现面对同一个评估对象组,很多可行的评估方法得出的评估结果之间一般存在差异,相信哪种方法的评估结果是一个很实际的问题。为了克服"方法选择受主观影响过大""主客观赋权都有缺陷"等问题,根据人们长期以来的思维习惯和生活经验提出了综合评估的方法。评估结果综合的一般过程包括评估结果分析、评估结果组合、组合结果检验三个主要过程。

第一节 评估结果分析

评估结果分析主要是对评估结果是否具有一致性,是否满足漂移度要求进行判断。通过这两种方式来确定评估结果是否可以进行综合。本节简要介绍基于漂移性测度和基于相关性两种评估结果分析方法。

一、装备维修能力评估结果分类

面对单一评估方法的不足,人们普遍采取了多种方法综合评估的方式,对有代表性的几种评估方法的评估结果采用适当的方法进行综合,得出综合评估值,按综合评估值的大小得到排序结果,以实现各种方法之间的优劣互补,得出更为合理、科学的评估结果。一般情况下,评估结果表现为两种形式。

(1) 评估结果为数值。选取定量指标或者定性指标定量化后,经过一定的评估方法进行评估处理和变化后得到一个具体的得分值。例如,采用加权和法对不同的作战方案进行评估得到的值就是评估结果为数值的情况。如果评估对象为若干个,对于每一个评估对象均可以评估得到一个评估结果的数值;若对这些评估数值进行排序，则得到第二种评估结果。

(2) 评估结果为排序。对多个评估对象进行评估得到一个排序，如方案 A、B、C、D 四个，得到的评估结果为 $A>B>C>D$，A 方案最优，D 方案最差，>表示优于。它反映主体对客体进行比较、排序的偏好关系。优于(记为>)、无差别于(记为~)和不劣于(记为≥)是偏好关系中的三个基本关系。

二、基于漂移性测度的评估结果分析

由于每一种评估方法只代表了一方面的观点，而且只是采用一种机理判断各种属性的状态相对于评估人员的主观价值期望的满足程度。因此，每一种评估方法得出的结果，即使是在主观价值期望不变的情况下，相互之间的结果都是有差异的，这一差异则表现为漂移度。

采用漂移性测度的方法，能够合理衡量出每一种评估方法的评估结果相对于实际效能结果的差异。通过采用漂移度满足设定范围的评估方法集对评估对象进行综合评估，得到满足“大多数意见”的综合结果。

(一) 漂移性定义及相关假设

漂移性是指评估结论与客观实际的不一致性；漂移度是指某一评估方法对于评估对象的评估结论漂移性的测度。

漂移性测度的基本假设。

假设 1(漂移性假设)　对同一个对象运用多种不同方法分别进行评估时客观上存在着结论的漂移性问题，即评估结论与客观实际存在一定差异，同时不同方法所得结论之间也存在差异。

假设 2(相容性假设)　不同的评估方法对不同的待评估问题适用程度是有差异的，有些可能是根本不适用的。对某特定待评估问题而言，不适用的方法称为不相容方法，适用的方法称为相容的方法。

假设 3　对同一类评估对象，对应有相同的相容方法集，即只要待评估对象的指标体系相同，其所适用的相容方法集也相同。

假设 4(待评估对象的等级差异假设)　在实践中同一组内若干个被评估对象客观上存在等级差异。

(二) 漂移性测度方法

通过采用多种评估方法对同一对象进行评估，可以揭示不同评估方法的评估结果的漂移规律，并对漂移性进行测度。改进后的具体步骤如下：

（1）确定评估方法。选择在作战效能评估方面使用率较高的几种评估方法，将所选择的评估方法定义为评估方法集 M。

（2）相容性判断。从 M 中选取某一种评估方法所得到的结果，分别与 M 中其他评估方法所得到的评估结果作相关性分析，满足设定的显著性水平要求的记为相容。以此方法将每种评估方法之间的相容性进行记录，选择两两相容的所有方法，即为绝对相容方法集，记为 M_i。

除绝对相容方法之外，还存在一些相对相容的评估方法，可以通过模糊灰色关联聚类分析得出。在确定绝对相容方法集后，绝对相容方法集所得到的评估结果作为参考数列，将其他评估方法的评估结果作为比较数列进行模糊灰色关联聚类分析。所有分析结果为相关的评估结果对应的评估方法形成的集合为相对相容方法集，记为 M_x。$M_x \cup M_j$则为相容方法集，记为 M_0。

（3）求标准化处理以后相容评估方法评估结果的平均值，并作为各种方法评估结果漂移性测度的参照系。

（4）求各种评估方法标准化处理后的评估值与所有相容评估方法评估结果的平均值的相关系数 r。

（5）求漂移度，将漂移度定义为 $\rho=1-r$。

（三）相容方法集求取步骤

上面已经提到，由于不同方法的评估机理不同，不同的评估方法对被评估对象是有偏好的，即有些方法可能对某些评估对象适合，而对另一些评估对象不适合，或适合的程度有所不同。因此，讨论方法的综合问题首先应该研究方法的适用性或相容性。根据漂移性的关于评估方法的相容性假设，以及漂移性测度的一般步骤，可以得出相容方法集的求取步骤。

（1）选择的评估方法定义为评估方法集 M。从 M 中选取某一种评估方法所得到的结果，分别与 M 中其他评估方法所得到的评估结果作相关性分析，满足设定的显著性水平要求的记为相容。以此方法将每种评估方法之间的相容性进行记录，选择两两相容的所有方法，即为绝对相容方法集，此时绝对相容的方法集可能不止一个，将方法数量最多的那个集合记为 M_j。若各个集合的方法数量均相同，只需要选择其中一个集合作为 M_i然后进行下一步操作。

（2）除绝对相容方法之外，还存在一些相对相容的评估方法，可以通过模糊灰色关联聚类分析得出。在确定绝对相容方法集后，以绝对相容方法集所得到的评估结果作为参考数列，将其他评估方法的评估结果作为比较数列进行模糊灰色关联聚类分析。所有分析结果为相关的评估结果对应的评估方法形成的集合为相对相容方法集，记为 M_x。

(3) $M_x \cup M_j$则为相容方法集,记为 M_0。

以上所描述的绝对相容方法和相对相容方法,均仅限于对同一个评估对象进行评估。当评估对象不同时,所求得的绝对相容方法集和相对相容方法集也会产生变化。

三、基于相关性分析的评估结果分析

相关性分析是统计学中对样本数据相互关系分析的常用手段,所包括的方法也比较多,本书提出采用三种不同的方法进行评估结果分析。

(一) 基于斯皮尔曼等级相关系数的评估结果分析

把两种评估方法按照评估结果分为 n 个等级 $1,2,\cdots,n$,若两个方案对同一个方案的评估结果相同,则两个方案的等级改为两个等级的均值。如果一种方案 i 在第 k 种评估方法下的等级排序用 c_{ki} 表示,在第 l 种方法评估方法下排序为 c_{li},这两种排序的等级差用 D_i 表示,则等级相关系数的计算方法为

$$e = 1 - \frac{6\sum_{i=1}^{m} D_i^2}{n(n^2-1)} = 1 - \frac{6\sum_{i=1}^{m}(c_{ki}-c_{li})^2}{n(n^2-1)} \tag{7-1}$$

式中:n 为方案数。

当 $e=1$ 时,则认为两种排序结果具有完全一致性;当 $e=0$ 时,则认为两种评估方法的排序结果完全相反。一般情况下,e 的取值为$(0,1)$之间。根据计算 e 的结果,若 $0.85 \leqslant e \leqslant 1$,则两种排序非常接近;若 $0.65 \leqslant e \leqslant 0.85$,则两种排序比较接近;若 $e \leqslant 0.65$,则两种排序不太接近,需要重新考虑。

(二) 基于肯德尔和谐系数的一致性检验

肯德尔和谐系数法是按照被评估对象构成要素所获得的等级以及它们之间的差异大小衡量评估方法的评估次序的一致性。如果计算所得的肯德尔和谐系数大,则表明评估方法的评估结果较一致;反之,则表明评估方法之间分歧较大,分歧很大的评估结果,其准确性自然很低。

肯德尔和谐系数的计算公式为

$$\omega = \frac{12\sum_{i=1}^{m} r^2 - 3b^2k(k+1)^2}{b^2k(k^2+1)} \tag{7-2}$$

式中:k 为评估方案或评估对象数目;b 为评估方法数;r 为各被评方案的等级之和。

肯德尔和谐系数一般在(0,1)之间。从评估结果的准确性的角度来说,人们希望各种评估法的结果最好趋于一致,而检验结果的一致性,借助肯德尔和谐系数的显著性检验的临界值来决定。

肯德尔和谐系数 ω 的显著性检验步骤如下:

1. 建立假设

H_0:k 个变量不一致($\omega=0$);

H_1:k 个变量一致($\omega>0$)。

2. 确定检验统计量

当 $n\leqslant 7$ 时,检验统计量为

$$S = \sum_{j=1}^{n} (R_j - \bar{R})^2 \tag{7-3}$$

式中:R_j为样本排序值相应等级分相加值;$\bar{R}$ 为均值。

当 $n>7$ 时,检验统计量为

$$\chi^2 = b(k - 1)\omega \tag{7-4}$$

式中:χ^2服从自由度为 $n-1$ 的χ^2分布。

3. 在 α 显著水平下进行统计决策

当 $n\leqslant 7$ 时,可以通过查询肯德尔和谐系数临界表的 s^* 值,如果 $S\geqslant s^*$,则拒绝 H_0;反之,则接受 H_0。

当 $n>7$ 时,如果$\chi^2\geqslant\chi_\alpha{}^2(k-1)$,则拒绝 H_0;反之,则接受 H_0。

(三) 基于弗里德曼双向等级方差分析的评估结果分析

如果认为 n 个排序结果间有联系,且采用了同样排序方式,则可用弗里德曼双向等级方差分析检验 k 个样本是否来自同一总体或同分布总体,即具有相关性。

弗里德曼双向等级方差分析的原理:对评估方案经过不同评估方法评估所获得的观测值$(c_{i1},c_{i2},\cdots,c_{ik})$(每一行)按从大到小或从小到大赋予 $1,2,\cdots,k$ 个等级分。然后,将每种评估方法下 n 个样本排序值相应等级分相加,即可获得 R_1, $R_2,\cdots,R_k$。如果 k 个样本来自于同分布总体,即 k 种评估方法的效果相同,则等级和 $R_1,R_2,\cdots,R_k$大致相等,即差异较小。如果等级和差异很大,则说明这种差异之大已无法用随机因素或其他统计学上的原因来解释,故可以认为 k 种评估方法的效果具有较大差异。

弗里德曼双向等级方差分析的一般步骤如下:

1. 建立假设

H_0:k 种评估方法的效果之间无显著差异(或 H_0:k 个样本来自同分布总体);

H_1:k 种评估方法的效果之间有显著差异(或 H_1:k 个样本并不完全来自同分布总体)。

2. 确定检验统计量

在 n、k 不是特别小(通常大于等于 3)的情况下,可用χ^2分布来检验,检验统计量为

$$\chi_F^2 = \frac{12}{nk(k+1)}\sum_{j=1}^{k} R_j^2 - 3n(k+1) \tag{7-5}$$

式中:n 为样本容量;k 为处理方法的种类,即评估方法的数量;R_j为等级和。χ_F^2近似地服从自由度为 $k-1$ 的χ^2分布。

3. 在 α 显著性水平下进行分析

若$\chi_F^2<\chi_\alpha^2(k-1)$,则不拒绝 H_0;

若$\chi_F^2\geqslant\chi_\alpha^2(k-1)$,则拒绝 H_0;接受 H_1。

以上几种方法的主要思想都是通过一致性研究指标相关性问题,类似于少数服从多数的原则。虽然一致性检验结果不一定完全正确,但它能够尽可能地避免评价方法的“误差”,使评估结构能够被接受。

第二节　装备维修能力评估综合

评估结果的组合,是指将各种不同评估方法得到的评估结果按照一定的方法或原则组合形成新的结果的过程。常用的组合方法有基于排序结论、基于评分值、基于整体差异、基于奇异值分解的评估结果组合方法。本节对便于计算的基于排序结论、基于评分值、基于整体差异的评估结果组合方法进行简要介绍。

一、基于排序结论的多方法组合评估

基于排序结论的多方法组合评估方法主要有平均值法、Borda 法和 Copeland 法。

(一) 平均值法

设 r_{ik}为 x_i方案在第 k 种方法下所排的位次($i=1,2,\cdots,n;k=1,2,\cdots,p$)。首先用排序打分法将每种方法排序的名次转化成分数,$R_{ik}=n-r_{ik}+1$,即第 1 名得 n 分,…,第 n 名得 1 分,第 k 名得 $n-k+1$ 分,其中如有相同的名次,则取这几个位置的平均分;然后计算不同方法得分的平均值:

$$\bar{R}_i = \sum_{k=1}^{p} R_{ik} \tag{7-6}$$

按平均值重新排序。若有两个方案 $\bar{R}_i = \bar{R}_j$，则计算在不同方法下得分的方差：

$$\sigma_i = \sqrt{\sum_{k=1}^{p} (R_{ik} - \bar{R}_i)^2 \Big/ p} \tag{7-7}$$

方差小者为优。

（二）Borda 法

Borda 法是一种少数服从多数的方法。若评估认为 x_i 优于 x_j 的个数大于认为 x_j 优于 x_i 的方法个数，记为 x_iSx_j，若两者个数相等，则记为 x_iEx_j。

定义 Borda 矩阵：

$$\boldsymbol{B} = |b_{ij}|_{n\times n}, \quad b_{ij}\begin{cases}1 & (x_iSx_j)\\0 & (\text{其他})\end{cases} \tag{7-8}$$

再定义方案 x_i 的得分：

$$b_i = \sum_{j=1}^{n} b_{ij} \tag{7-9}$$

b_i 既是方案 x_i“优”的次数，依 b_i 的大小再给 x_i 排序，若有 $b_i = b_j$，平均值法中方差小者为优。

（三）Copeland 法

Borda 法比较简单，但因没有区分“相等”和“劣”，也比较粗略。Copcland 法和 Borda 法不同之处是在计算“优”次数同时还要计算“劣”的次数，即定义

$$c_{ij} = \begin{cases}1 & (x_iSx_j)\\-1 & (x_jSx_i)\\0 & (\text{其他})\end{cases} \tag{7-10}$$

再定义方案 x_i 的得分：

$$c_i = \sum_{j=1}^{n} c_{ij} \tag{7-11}$$

再根据 c_i 的大小再给 x_i 排序，若有 $c_i = c_j$，平均值法中方差小者为优。

二、基于评分值的多方法组合评估

基于评分值的多方法组合评估方法常用的有算术平均法和模糊 Borda 法。算

术平均法是对评估值利用算术平均值法进行组合评估,得出组合评估值的方法。下面主要对模糊频率法进行介绍。

模糊 Borda 法在组合时考虑了两个因素:一是各种方法得分差异的因素;二是排序中位次因素。具体计算步骤如下。

(1) 计算隶属度

$$u_{ik}=\frac{x_{ik}-\min(x_{ik})}{\max(x_{ik})-\min(x_{ik})}\times 0.9+0.1 \tag{7-12}$$

式中:$i=1,2,\cdots,n$;$k=1,2,\cdots,p$;x_{ik}为x_i方案在第k种方法下的得分。u_{ik}为是x_i在第k种方法下属于“优”的隶属度。

(2) 计算模糊频率:

模糊频率为

$$f_{hi}=\sum_{k=1}^{p}\delta_{ih}u_{ik} \tag{7-13}$$

其中

$$\delta_{ih}=\begin{cases}1 & (x_i(h/n))\\ 0 & (\text{其他})\end{cases}$$

式中:$x_i(h/n)$表示x_i在n个评估对象中排在第h位。

模糊概率为

$$W_{hi}=\frac{f_{hi}}{R_i} \tag{7-14}$$

式中:$R_i=\sum_{k=1}^{p}f_{ki}$;W_{hi}反映了得分差异因素。

(3) 将被评估对象所排位次转换成位次得分,为拉开得分差距,定义

$$Q_k=\frac{1}{2}(n-h)(n-h+1) \tag{7-15}$$

式中:Q_k为x_i在优序关系中排在第h位的得分。

(4) 计算模糊 Borda 数

$$FB_i=\sum_{k=1}^{p}W_{ki}Q_{ki} \tag{7-16}$$

三、基于整体差异的评估结果组合

对于n个待评估方案,m种评估方法得到的评估结果用矩阵$\boldsymbol{C}$表示,为确保多方法评估结果之间的可比性,需要进行规范化处理。若选用线性函数对m种评

估方法组合成组合评估值向量 $\boldsymbol{Q}$。对评估结果进行组合的问题可描述为在给定的规则下寻找一个适当的组合权向量 $\boldsymbol{W}$。将评估结果空间 $\boldsymbol{T}$ 向一维组合评估结果空间 $\boldsymbol{Q}$ 做投影变换,并将变换结果用于所评估的方案的最终排序。

若使用评估方法恰当,任何一种评估方法得出的结论都是在对评估对象,即评估方案客观状态的某个视角的反映,因而不同方法得出的结论之间一般会有一定相关性。相关性的强弱体现了方法之间一致性程度的大小,组合评估方法中需要突出与多评估结果全体一致性较高(相关程度较高)的那部分方法的作用;同时兼顾一致性程度较低的另一部分方法所承载的评估信息(对部分方法得出的结果不应一味删除,应采取弱化其作用的方法),从而既对评估结果相对一致性的多个评估结果进行了优化组合,又充分利用了大部分的评估方法信息,可以收到较好的评估效果。

(一) 基本原理

可将 m 种评估方法的评估结果视为两个指标(或变量),显然,这些为极大型指标。$\boldsymbol{W}$ 的确定原则:最大限度地体现不同评估对象之间的整体差异,即选取由 $\boldsymbol{W}$ 确定的投影方向使 $\boldsymbol{C}$ 投影至 $\boldsymbol{Q}$ 中的 n 个组合评估排序的样本方差最大。方差最大的方向体现了一种“少数服从多数,集体关注”的思想,是评估对象发展演化的最主要方向。变量 $\boldsymbol{Q}$ 的样本方差为

$$\sigma^2 = \frac{1}{n-1}\sum_{i=1}^{n}(q_i - \bar{q})^2 = \frac{\boldsymbol{Q}^{\mathrm{T}}\boldsymbol{Q}}{n-1} - \frac{n}{n-1}\bar{q}^2 \tag{7-17}$$

因 c_{ij}经过标准化处理,可知 $\bar{q}=0$,对于式(7-17),有

$$(n-1)\sigma^2 = \boldsymbol{Q}^{\mathrm{T}}\boldsymbol{Q} = \boldsymbol{W}^{\mathrm{T}}\boldsymbol{H}\boldsymbol{W} \tag{7-18}$$

式中:$\boldsymbol{H}=\boldsymbol{C}^{\mathrm{T}}\boldsymbol{C}$ 是 $\boldsymbol{C}$ 的协方差矩阵(实对称矩阵)。

根据最大限度拉开评估对象档次的“差异原则”,求解 $\boldsymbol{W}$ 的问题转换为如下的规划问题:

$$\begin{cases} \max \boldsymbol{W}^{\mathrm{T}}\boldsymbol{H}\boldsymbol{W} \\ \text{s. t. } \boldsymbol{W}^{\mathrm{T}}\boldsymbol{W} = 1 \end{cases} \tag{7-19}$$

因为不用考虑权重为负的情况,所以在约束条件中加入 $\omega_i \geqslant 0(i=1,2,\cdots,m)$,即可对规划模型进行求解。

(二) 组合权向量的确定

从参数性质上看,组合权重不同于反映指标重要性程度的主观权重,而是通过样本数据信息生成权重。设 H 最大的特征向量为 $\boldsymbol{W}'=(\omega_1',\omega_2',\cdots,\omega_m')^{\mathrm{T}}$,由于 $\omega_i \geqslant 0(i=1,2,\cdots,m)$,但是 $\boldsymbol{W}'$没有符号限制,所以组合权向量 $\boldsymbol{W}$ 的确定方法为

$$\omega_i = \left| \omega_i' \Big/ \sum_{i=1}^{m} \omega_i' \right| \tag{7-20}$$

（三）基本步骤

（1）获取多评估方法得出的评估结果矩阵 $\boldsymbol{C}$。

（2）求解实对称矩阵 $\boldsymbol{H}$,$\boldsymbol{H}=\boldsymbol{C}^{\mathrm{T}}\boldsymbol{C}$。

（3）求 $\boldsymbol{H}$ 的最大特征值及其对应的标准特征向量 $\boldsymbol{W}'$。

（4）根据标准特征向量 $\boldsymbol{W}'$ 中各分量的取值情况确定组合权向量 $\boldsymbol{W}$。

（5）将 $\boldsymbol{W}$ 代入 $q_i=\omega_1 c_{i1}+\omega_2 c_{i2}+\cdots+\omega_m c_{im}(i=1,2,\cdots,n)$ 中,计算各方案的新的排序综合值。

（6）根据排序综合值大小,对各个方案进行重新排序。

该方法具有自动“甄别奖惩”的功能,即在组合中强化一致性程度高的方法,弱化一致性程度较低的方法;选用评估结果进行组合,最大限度地利用了评估结果的信息,故组合出的评估结果更为合理;避免获取人为偏好信息的困难,突出了“让数据说话”的客观评估思想;方法聚合性强,过程简捷,易于在计算机上实现;组合评估的信息来自多种评估方法的结果数据,所以组合结果是对数据敏感的,会随评估对象集的变动而变动。

第三节　装备维修能力评估验证

对评估结果进行综合后,还需要对综合的结果进行验证,以确定组合结果是否失真,是否与原有结果保持较大的一致性。常用的方法有两种:一种是从结果本身的验证,即综合后的评估结果一致性检验;另一种是对评估结果进行的评估,即元评估。

一、综合后的评估结果一致性检验

综合后的评估结果的一致性检验,是指经过评估结果综合方法处理后的方案的排序与原评估结果集之间的一致性。

（1）相关系数法。通过相关性分析方法来确定方案排序结果与原评估结果集中的各个排序之间的平均相关系数。上面已对相关系数分析的方法进行了介绍,对综合结果的一致性检验同样可以采用相同的方法。

（2）斯皮尔曼等级相关系数。斯皮尔曼等级相关系数对组合评估结论与原有评估方法结论之间的一致性程度进行进一步分析。

二、元评估

元评估也称为评估的评估，其实质就是评估的综合。它是以已有的评估（可称为原评估）活动及结果为对象。那么，元评估的客体就是原来的评估。原来的评估不单只是评估结论，而是包括评估结构、评估过程、评估结论在内的系统。评估过程又内在地包括评估方案的设计、评估信息的获取、评估方法模型的选择等。因此，认为元评估是对评估的结构、过程、结论进行全面、系统地再评估，以修正评估结论，改进评估活动的过程。元评估作为一种评估，以一般评估活动为对象，它的关注点是评估指标结构是否科学，评估实施过程是否规范，评估数据采集是否准确，评估主体的意见是否客观一致等。它的评估指标是可信度和有效度。元评估通过对评估结构、评估过程和评估结论的再考查，向原来评估主体指出评估过程中存在的各种偏差，提高评估的信度和效度。

元评估应比原评估的站位要高。元评估活动要以元科学理论为指导，以元研究成果为依据，实现周密的分析和高度的综合。评论和估价是不可偏废的两个方面。在元评估活动中，切实把两者辩证结合起来。同时，元评估活动必须遵守一定的原则、程序和方法；否则，元评估方法就会失去它应有的功能。其主要目的和作用有如下几点。

（一）提高模型的可信性，增强模型的可用性

对模型进行认证与检验是提高模型的可信性的重要途径，模型的可信性检验也会提升使用模型的信心，而且经过认证和检验的模型更具有可用性。具体表现在对评估偏差的校正方面。

（1）检测评估偏差。元评估通过方差法、肯德尔和谐系数法等分析原评估的一些数据和流程，能够识别原来评估的偏差环节。

（2）纠正评估偏差。元评估在偏差识别的基础上运用统计方法和其他各种方法，对原来评估的偏差原因进行分析，对偏差值进行计算，从而对评估偏差予以纠正。

（3）反馈评估偏差。元评估是通过征求对一项评估或一组评估的不同看法获得更广泛的意见，然后向原来评估的主体指出他们评估中存在的问题，并向他们提供建设性的意见。

（二）节省能力评估费用

从表面上看，模型的认证和检验工作会增加模型开发的费用，但是事实上，通

过认证和检验可以及早地发现设计中的错误,及早修改,可以大大减少由此造成的损失,而由此造成的损失往往要超过认证和检验工作本身的开支。另外,认证和检验工作也为未来的模型开发和仿真应用提供了必要的基础和重要的数据资料,这也必将大大节省未来工作的开支。

(三) 促进装备维修能力协调发展

为了对装备维修能力评估模型进行认证和检验,必须对能力评估建模过程、装备维修保障系统的情况、约束条件等问题进行深入分析,而不仅仅是对模型仿真问题进行研究。因此,认证和检验工作的开展有力地促进了装备维修能力分析工作。使评估结构可以准确反映能力建设的优势和短板,为装备维修队伍的协调、快速发展提供指导。

第八章 装备维修能力评估方案设计与分析

通过装备维修能力评估,得出评估对象的维修能力指标值,进而评价维修单位能力的优劣只是能力评估的第一步。通过维修能力评估,搜集能力数据,分析数据,得出装备维修系统能力生成规律,指导装备维修系统的优化和调整,才是装备维修能力评估的真正目的。本章重点讨论装备维修系统能力评估结果的应用方法问题。

第一节　评估方案设计

评估方案设计是在装备维修仿真实验数据分析需求是确定实验空间的方法。但在装备维修能力评估时,为了分析参数的灵敏度、确定影响指标结果的主要因素、验证评估方法的合理性,同时为装备维修能力评估的方案选择提供依据,确定具体评估方案,需要对评估方案进行设计。

一、2^k因子设计方法

在了解因子设计方法之前,应首先了解几个基本概念。

(一) 基本概念

(1) 实验设计。实验设计指的是计划实验的过程,在这个过程中使用统计方法对适当的数据进行分析以获得可信和客观的结论。实验设计的主要目标是估计输入因子的改变是如何影响输出结果的。这里引用实验设计的概念主要用于能力评估的方案设计。

(2) 因子。因子定义为可控的输入变量,其变化可以影响输出的变化。

(3) 因子水平。每一个因子必须取某些值,我们将这些值定义为因子水平。

很多实验涉及研究两个或多个因子的效应。如果有 k 个因子,需要估计和确定每个因子是如何影响输出的,这些因子是否有相互间的影响或者说一个因子对输出效果的影响是否依赖于其他因子。实验的一种方法是将其他 $k-1$ 个因子固定,改变一个因子的水平以确定此因子变化所引起的响应的变化。重复上述过程,一次一个因子进行实验。这种实验策略是非常低效的,而且使用这种方法进行实验实际是假设因子之间是没有交互作用的,也就是说不能够测度因子间的交互作用。

因子设计是指在这类实验的每一次完全实验或每一次重复中,这些因子的所有可能的水平组合都被研究到。例如,当因子 A 有 a 个水平和因子 B 有 b 个水平时,则每次重复都包含全体 ab 个处理组合。

(4) 主效应。一个因子的效应定义为这一因子的水平改变时所引起的响应变化。由于它是实验中我们所感兴趣的基本因素,因此,也将这种效应称为主效应。

(5) 交互效应。一个因子水平间的响应变化受其他因子水平制约的情况,称为因子的交互效应 A 与 B 的交互作用,记为 $A\times B$ 或 AB。

(二) 设计方法

因子设计有几种特殊情况很重要,因为它们广泛应用于研究工作,而且是其他一些有重要实践价值的设计的基础。这些特殊情况中最重要的一种是,有 k 个因子,每个因子仅有两个水平。这些水平可以是定量的,也可以是定性的,如一个因子的"高"水平和"低"水平,或者一个因子的出现和不出现。这类设计的一个完全的重复需要 $2\times2\times\cdots\times2=2^k$ 个组合并得到 2^k 观察值,这些组合称为实验点,这种设计称为 2^k 因子设计。在 2^k 因子设计中通常假设:因子是固定的;设计是完全随机化的;满足通常的正态性假设。

当可能有很多因子要研究时,2^k 设计在早期的实验工作中特别有用。它提供最少的实验次数用以研究完全因子设计的 k 个因子。因为每一个因子仅有两个水平,因此,必须假设响应在所选的因子水平的范围内是近似线性的。

对于如何来确定因子水平,没有通用的方法给出,但是设计者对于定量因子要考虑选取数据的合理性,对于定性因子来说需要虑及有意义的可选要素。通常,因子水平应选择相反的两个水平,但不要过分,以至于不切合实际。另外,因子水平的选择不要间隔太远,以避免漏掉潜在的重要响应。

有三种不同的记号广泛用于 2^k 设计的实验中。

(1) "+"与"-"记号,常称为几何记号,分别表示因子的高水平和低水平。

(2) 用英文小写字母表示处理组合。处理组合中任意因子的高水平用对应的英文小写字母表示,而处理组合中任意因子的低水平用不写出对应的字母的方式来表示。这样,如表 8-1 所列的一种设计方案,a 代表 A 为高水平 B 和 C 为低水平的处理组合,b 代表 A 和 C 为低水平 B 为高水平的处理组合,abc 代表三个因子都是高水平的处理组合。为方便起见,(1) 表示三个因子都是低水平的组合。

(3) 用记号 1 和 0 分别表示因子的高水平和低水平,以代替"+"与"-"。

表 8-1 一种 2^k 设计的实验组合

实验	A	B	C	处理组合	A	B	C	实验效应
1	-	-	-	(1)	0	0	0	R_1
2	+	-	-	a	1	0	0	R_2
3	-	+	-	b	0	1	0	R_3
4	+	+	-	ab	1	1	0	R_4
5	-	-	+	c	0	0	1	R_5
6	+	-	+	ac	1	0	1	R_6
7	-	+	+	bc	0	1	1	R_7
8	+	+	+	abc	1	1	1	R_8

(三) 计算方法

1. 主效应计算

实验的形式可以简洁地表示为列表形式。如表 8-1 所列,R_i 表示当运行第 i 组组合进行仿真所对应的响应时,则 R_6 表示因子 1 和因子 3(A、B、C 分别表示因子 1、2、3)在"+"水平而因子 2 在"-"水平时的响应结果。

因子 j 的主效应是指在固定其他所有因子水平的情况下,因子 j 由"-"水平向"+"水平转化所导致的响应变化的平均值。以因子 2^3 设计为例,因子 1 的主效应为

$$e_1 = \frac{(R_2 - R_1) + (R_4 - R_3) + (R_6 - R_5) + (R_8 - R_7)}{4} \tag{8-1}$$

在实验点 1 和 2,因子 2 和因子 3 是保持不变的,同样在实验点 3 和 4 以及 5 和 6 以及 7 和 8,因子 1 从"-"水平向"+"水平转化,而因子 2 和因子 3 所取的水平值是固定不变的。也就是说,式(8-1)并不是一个固定的表达式,而是根据设计出的方案,选取单一因素变化的方案对进行组合计算得出主因素变化的主效应。依次可以得到因子 2 和因子 3 的主效应。

2. 交互效应计算

主效应估计是单独一个因子的变化引起响应输出变化的平均值,这种变化遍

历所有其他 $k-1$ 个因子的组合，因此共有 2^{k-1} 个，但是有可能因子 j_1，对响应输出的影响可能在某种程度上依赖于其他因子。在这种情况下，称这两种因子是交互的。我们用两因子交互作用 e_{j1j2}，来衡量这种交互作用，并将其定义为当其他因子固定，因子 e 在“+”水平时的平均响应和“-”水平时的平均响应差值的 1/2，即

$$e_{12} = \frac{1}{2}\left(\frac{(R_4 - R_3) + (R_8 - R_7)}{2} - \frac{(R_2 - R_1) + (R_6 - R_5)}{2}\right) \quad (8-2)$$

$$e_{13} = \frac{1}{2}\left(\frac{(R_6 - R_5) + (R_8 - R_7)}{2} - \frac{(R_2 - R_1) + (R_4 - R_3)}{2}\right) \quad (8-3)$$

$$e_{23} = \frac{1}{2}\left(\frac{(R_7 - R_5) + (R_8 - R_6)}{2} - \frac{(R_3 - R_1) + (R_4 - R_2)}{2}\right) \quad (8-4)$$

通过计算的方式可以看出，交互作用是对称的。

二、N^k 抽样设计方法

正交实验设计是用于多因子实验的一种方法，它是从全面实验中挑选出部分有代表的点进行实验，这些代表点具有“均匀”和“整齐”的特点。正交实验设计是部分因子设计的主要方法，具有很高的效率。

在实际问题中，影响指标的因子往往有很多个，要考察它们就要涉及多因子的实验设计问题。为了减少实验次数，传统采用单因子轮换法，即逐个改变因子的水平，而将其他因子的水平固定，找出最好的水平并将其固定，这样反复进行。它把多因子实验问题化为若干个单因子实验问题，但在每个单因子实验中选出的最好水平其组合不一定是全局最好的水平组合。

（一）正交表

正交表是用于安排多因子实验的一类特别的表格，每个正交表有一个代号 $L_n(q^m)$，其含义如下：

L——表示正交表；

n——实验总数；

q——因子的水平数；

m——表的列数，表示最多能容纳因子个数。

以 $L_9(3^4)$ 为例，$L_9(3^4)$ 正交表如表 8-2 所列。

正交表具有正交性，这是指它有如下两个特征：

（1）每列中不同的数字重复次数相同。在表 8-2 中，每列有三个不同数字 1、2、3，每一个各出现三次。

表 8-2 $L_9(3^4)$ 正交表

实验 \ 列号	因子 1	因子 2	因子 3	因子 4
1	1	1	1	1
2	1	2	2	2
3	1	3	3	3
4	2	1	2	3
5	2	2	3	1
6	2	3	1	2
7	3	1	3	2
8	3	2	1	3
9	3	3	2	1

(2) 将任意两列的同行数字看成一个数对,那么一切可能数对重复次数相同。在表 8-2 中,任意两列有 9 种可能的数对(1,1)(1,2)(1,3)(2,1)(2,2)(2,3)(3,1)(3,2)(3,3),每一对各出现一次。

正交表可以按其水平数分类,若记正交表为 $L_n(q^m)$,则称为 q 水平的正交表。一般有以下几种:

(1) 二水平正交表:$L_4(2^3)$、$L_8(2^7)$、$L_{12}(2^{11})$、$L_{16}(2^{15})$ 等。

(2) 三水平正交表:$L_9(3^4)$、$L_{27}(3^{13})$、$L_{18}(3^7)$ 等。

(3) 四水平正交表:$L_{16}(4^5)$ 等。

(4) 五水平正交表:$L_{25}(5^6)$ 等。

(5) 混合水平正交表:$L_{18}(2\times 3^7)$ 等。

常用的正交表也可以按其行数 n、列数 m、水平数 q 之间的关系分为两大类。

一类正交表的行数 n、列数 m、水平数 q 之间有如下关系:

$$\begin{cases} n = q^k \quad (k = 2,3,\cdots) \\ m = \dfrac{n-1}{q-1} \end{cases} \tag{8-5}$$

称为完全正交表。

另外一类正交表,上述两个关系中至少有一个不成立,如 $L_{18}(3^7)$、$L_{12}(2^{11})$ 等。一般不能考察因子间的交互作用,但是在某些场合也常被使用。

(二) 正交表设计

1. 选正交表

首先根据在实验中所考察的因子水平数选择具有该水平数的一类正交表;然

后根据因子的个数具体选定一张表。如果因子是三水平的,可以选用三水平正交表;假设考察三个因子,可确定选用 $L_9(3^4)$。

2. 进行表头设计

选定了正交表后把因子放到正交表的列上去,称为表头设计。在不考虑交互作用的场合,可以把因子放在任意的列上,一个因子占一列。

在设计有交互关系的正交表表头时,需要注意以下事项:

(1) 与正交表有关的自由度有两个:

① 表的自由度为实验次数减 1,其中 n 是表的行数;

② 列的自由度为水平数减 1,其中 m 是该列的水平数。

(2) 因子与交互作用的自由度:

① 因子的自由度为水平数减 1;

② 交互作用的自由度为对应的两个因子自由度的乘积,即交互作用 A×B 的自由度为 $f_{A\times B}=f_A\times f_B$。

(3) 在表头设计时要注意:

① 因子的自由度应该等于所在列的自由度;

② 交互作用的自由度应该等于所在列的自由度;

③ 所有因子与交互作用自由度的和不能超过所选正交表的自由度。

3. 列出实验计划

有了表头设计便可写出实验计划,只要将放置因子的列中的数字换成因子的相应水平即可,不放因子的列就不予考虑。$L_9(3^4)$ 考虑 3 个因素,每个因素有 3 个水平,共计 9 个计划方案。

4. 进行实验和记录实验结果

为了避免事先某些考虑不周而产生系统误差,因此,实验的次序要随机化。这可以用抽签的方式决定,如用 9 张同样的纸,分别写为 1~9,然后混乱后随机依次取出,按照取出顺序依次做实验。

第二节　基于正交表的评价结果分析

基于正交表的数据分析的一般目的是找出哪些因子对指标是有明显影响的,各个因子的什么样的水平组合最好。在这里将其作为分析影响能力评估结果的因素的一个方法,用分析的结果来指导评估对象能力的提升。

一、无交互作用情况下的结果分析

无交互作用情况下的正交实验设计,常用的分析方法有极差分析法、方差分析法和贡献率分析法等。

(一) 极差分析法

极差分析法用于解决参数或指标(以下简称参数)集 X 对评价指标 y 的灵敏度影响的排序。在装备维修能力分析中,极差的含义是装备维修能力评价指标的最大值与最小值的差值,用来度量该评价指标的分散程度和变化情况,计算公式为

$$\boldsymbol{R} = \max(y) - \min(y) \tag{8-6}$$

令 x_{ij} 表示参数 i 的第 j 个水平值($i=1,2,\cdots,m;j=1,2,\cdots,l$);$m$ 为参数总数;l 为参数的水平数。

进行灵敏度分析,需要对 m 个参数和 l 个水平值进行排列组合构建参数集 X(可采用正交设计法优化),X 的每一行代表一种参数组合方案,方案总数设为 k。

如果参数 i 在第 j 水平下的第 k 次计算出的指标为 y_{ijk},每个参数的运行次数为 n,则参数 i 在第 j 水平下对评价指标的无偏估计可以表示为

$$k_{ij} = \sum_{k=1}^{n} y_{ijk}/n \tag{8-7}$$

反映装备维修能力的参数 x_i 灵敏度大小的极差 R_i 可以表示为

$$R_i = \max\{k_{i1}, k_{i2}, \cdots, k_{ij}\} - \min\{k_{i1}, k_{i2}, \cdots, k_{ij}\} \tag{8-8}$$

在给定的参数集 X 中,极差越大,表明该参数对指标的影响越大,即灵敏度越高。需要说明的是,评价指标的极差只能表示参数对指标影响的相对大小,并不能反映每个参数对评价指标影响灵敏度的显著性大小。

(二) 方差分析法

1. 统计模型

数据的直观分析法简单、有效,但还有不足之处,它不能回答哪些因子对实验指标有显著影响。为回答这一问题可以采用方差分析方法,因此,需要对实验结果做出若干假设。

(1) 假设在同一水平组合下实验结果的全体构成一个总体,服从正态分布,在正交表 $L_9(3^4)$ 中共有 $n=9$ 个总体。

(2) 各正态总体的方差是相同的,即假设每一总体的方差均为 σ^2。

(3) 各正态均值与水平组合有关。假设在 A_i、B_j、C_k 水平组合均值为 μ_{ijk},那么它可以表示为

$$\mu_{ijk} = \mu + a_i + b_i + c_k \tag{8-9}$$

式中:μ 为一般平均;a_i 为因子 A 的第 i 水平的主效应。a_i 满足效应的约束条件为:

$a_1+a_2+a_3=0$；b_j、c_k分别为因子 B 的第 j 水平的主效应。因子 C 的第 k 水平的主效应。它们也分别满足约束条件 $b_1+b_2+b_3=0$，$c_1+c_2+c_3=0$。这种模型称为效应可加模型。

（4）不同水平组合下的实验是相互独立进行的，即实验结果 $R_1, R_2, \cdots, R_n$ 相互独立。

上述假设可用一个模型表示，它包含了数据结构式、关于效应的约束条件、关于误差的假设三个部分。

$$\begin{cases} R_{ijk} = \mu + a_i + b_i + c_k \quad (i,j,k = 1,2,3) \\ a_1 + a_2 + a_3 = 0, a_1 + a_2 + a_3 = 0, a_1 + a_2 + a_3 = 0 \\ \text{各 } \varepsilon_{ijk} \text{ 相互独立且同分布} \sim N(0,\sigma^2) \end{cases} \tag{8-10}$$

式中：R_{ijk}为在 A_i、B_j、C_k水平组合下的实验结果，对它们按正交表行号重新编号后，可以详细写出数据对应的结构式为

$$R_{ijk} = R_{111} = \mu + a_1 + b_1 + c_1 + \varepsilon_1 \tag{8-11}$$

在上述假设下，方差分析的任务就是对如下三对假设分别做出检验：

$$\begin{cases} H_{A0}: a_1 = a_2 = a_3 = 0, H_{A1}: a_1, a_2, a_3 \text{ 不都等于 } 0 \\ H_{B0}: b_1 = b_2 = b_3 = 0, H_{B1}: b_1, b_2, b_3 \text{ 不都等于 } 0 \\ H_{C0}: c_1 = c_2 = c_3 = 0, H_{C1}: c_1, c_2, c_3 \text{ 不都等于 } 0 \end{cases} \tag{8-12}$$

2. 总平方和分解

进行方差分析的第一步就是做总平方和分解，考查引起 $R_1, R_2, \cdots, R_n$ 波动的原因，将它们各自用一个平方和表示出来。

用 S_T表示数据的总平方和，即

$$S_T = \sum_{i=1}^{n} (R_i - \overline{R})^2 (f_T = n - 1) \tag{8-13}$$

式中：n 为实验次数；f_T为 S_T的自由度；$\overline{R}$ 为实验结果的总平均；若记

$$T = \sum_{i=1}^{n} R_i$$

则

$$\overline{R} = T/n \tag{8-14}$$

第 j 列的平方和为

$$\begin{cases} S_j = \dfrac{n}{q} \sum_{k=1}^{q} (\overline{T}_{jk} - \overline{R})^2 \\ f_j = q - 1 (j = 1,2,\cdots,m) \end{cases} \tag{8-15}$$

式中：$\overline{T}_{jk}$ 为第 j 列第 k 水平均值，正交表的行数 n、列数 p、水平数 q。

3. 各因子的平方和

以 $L_9(3^4)$ 为例,引起数据波动的原因:因子 A 的不同水平、因子 B 的不同水平、因子 C 的不同水平及随机误差。

下面首先考虑因子 A 的不同水平所引起的数据波动大小。由于因子 A 放在第一列,故可用 $\bar{T}_{11}$、$\bar{T}_{12}$、$\bar{T}_{13}$ 表示其三个水平均值,那么因子 A 的不同水平所引起的数据的波动可以用 $\bar{T}_{11}$、$\bar{T}_{12}$、$\bar{T}_{13}$ 与 R 的偏差平方和表示,记为 S_A,即

$$S_A = \sum_{i=1}^{3} 3\,(T_{1i} - \bar{R})^2 (f_A = 3 - 1 = 2) \tag{8-16}$$

式(8-16)右侧乘以 3 是因为每一水平重复进行了三次实验。S_A 除了误差外只反映因子 A 的效应间的差异,即由于因子 A 的不同水平所引起的实验结果的波动,因此,称其为因子 A 的平方和。由数据结构式和和约束条件,可得

$$\bar{T}_{11} = \frac{y_1 + y_2 + y_3}{3} = \mu + a_1 + \bar{\varepsilon}_{A1} \tag{8-17}$$

式中:$\varepsilon_{A1} = (\varepsilon_1 + \varepsilon_2 + \varepsilon_3)/3$。

同理,可得

$$\bar{T}_{12} = \mu + a_2 + \bar{\varepsilon}_{A2}, T_{13} = \mu + a_3 + \bar{\varepsilon}_{A3}, \bar{y} = \mu + \frac{1}{9}\sum_{i=1}^{9}\varepsilon_i = \mu + \bar{\varepsilon} \tag{8-18}$$

令 $\frac{1}{9}\sum_{i=1}^{9}\varepsilon_i = \bar{\varepsilon}$,则

$$S_A = \sum_{i=1}^{3} 3\,(a_i + \bar{\varepsilon}_{Ai} - \bar{\varepsilon})^2 \tag{8-19}$$

由于 ε_i 相互独立,服从同方差的正态分布,则

$$E(S_A) = 3(a_1 + a_2 + a_3) + 2\sigma^2 \tag{8-20}$$

表明 S_A 中除了误差,只反映因子 A 的效应间差异。

S_A 即为因子 A 不同水平的平方和,同理可得 S_B、S_C。将 S_A、S_B、S_C 分别放在因子矩阵的第一、二、三列,随机误差放置在第四列,为 S_4。随机误差没有因子,称为空白列,S_4 仅仅反映了由误差造成的数据波动,它称为误差的平方和,记为 S_e,即

$$S_e = S_4 = \sum_{i=1}^{3} 3\,(\bar{\varepsilon}_{4i} - \bar{\varepsilon})^2 \tag{8-21}$$

且有

$$E(S_e) = E(S_4) = 2\sigma^2 \tag{8-22}$$

4. F 检验

同方差分析中一样,平方和与其自由度的比称为均方和。可以证明正交表各

列的平方和 S_j间相互独立，则

$$S_e/\sigma^2 \sim \chi^2(2) \tag{8-23}$$

在假设 H_{A0}成立时，$S_A/\sigma^2 \sim \chi^2(2)$；

在假设 H_{B0}成立时，$S_B/\sigma^2 \sim \chi^2(2)$；

在假设 H_{C0}成立时，$S_C/\sigma^2 \sim \chi^2(2)$。

由于 S_y(因子的平方和)与 S_e独立，$S/\sigma^2 \sim \chi^2(f_e)$，当因子的效应均为 0 时，$S_y/f_y \sim \chi^2(f_y)$，因此，在一个因子的效应为 0 时，有

$$F_y = \frac{S_y/(\sigma^2 f_y)}{S_e/(\sigma^2 f_e)} = MS_y/MS_e \sim F(f_y, f_e) \tag{8-24}$$

式中：$MS_y = S_y/f_y$为因子的均方和；f_y为对应因子的自由度；$MS_y = S_y/f_y$为误差的均方和；f_e为误差的自由度。

当 $F_y = MS_y/MS_e > F_{1-n}(f_y, f_e)$时，认为在显著性水平 α 上因子是显著的，即该因子的效应不全为 0，其中 $F_{1-\alpha}$为相应自由度的 F 分布的 $1-\alpha$ 分位数。

（三）贡献率分析法

当实验指标不服从正态分布时，进行方差分析的依据就不充足，此时可以通过比较各因子的贡献率衡量因子作用的大小。

由于 S_y中除了因子的效应外，还包含误差，从而 $S_y - f_y \times MS_e$称为因子的纯平方和。将因子的纯平方和与 S_T的比称为因子的贡献率。例如，对因子 A 来讲，其贡献率记为 ρ_A，那么

$$\rho_A = \frac{S_A - f_A \times MS_e}{S_T} \tag{8-25}$$

用同样方法计算 ρ_B、ρ_C。纯误差平方和为

$$S_e = S_e + f_A \times MS_e + f_B \times MS_e + f_C \times MS_e = f_T \times MS_e \tag{8-26}$$

从而误差的贡献率为

$$\rho_e = \frac{S_T - f_T \times MS_e}{S_T} \tag{8-27}$$

二、有交互作用情况下的结果分析

有交互作用情况下的正交实验分析可以通过数据的方差分析进行，与无交互作用的数据分析方法类似，只是数据结构式有所改变。首先是做平方和分解，然后列出方差分析表，做 F 检验，以判断哪些因子与交互作用是显著的。

（一）统计模型

记在水平组合 $A_iB_jC_kD_l$ 下的实验结果为 y_{ijkl}，它的结构式为

$$y_{ijkl} = \mu_{ijkl} + \varepsilon_{ijkl} \tag{8-28}$$

式中：均值 μ_{ijkl} 可以表示为

$$\mu_{ijkl} = \mu + a_i + b_j + c_k + d_l + (ab)_{ij} \tag{8-29}$$

式中：μ 为一般平均；a_i、b_j、c_k、d_l 分别为各因子相应水平的主效应，它满足效应的约束条件：$a_1+a_2=0, b_1+b_2=0, c_1+c_2=0, d_1+d_2=0$；$(ab)_{ij}$ 为因子 A 的第 i 水平与因子 B 的第 j 水平的交互效应，满足

$$\begin{cases} \sum_{j=1}^{2} (ab)_{ij} = 0(i = 1,2) \\ \sum_{i=1}^{2} (ab)_{ij} = 0(j = 1,2) \end{cases} \tag{8-30}$$

综上所述，具有交互作用的模型可以表示为

$$\begin{cases} \mu_{ijkl} = \mu + a_i + b_j + c_k + d_l + (ab)_{ij} + \varepsilon_{ijkl}(i,j,k,l = 1,2) \\ a_1 + a_2 = 0, b_1 + b_2 = 0, c_1 + c_2 = 0, d_1 + d_2 = 0 \\ \sum_{j=1}^{2} (ab)_{ij} = 0(i = 1,2) \\ \sum_{i=1}^{2} (ab)_{ij} = 0(j = 1,2) \end{cases} \tag{8-31}$$

式中：各 ε_{ijkl} 相互独立，且同为正态分布 $\sim N(0,\sigma^2)$。

（二）平方和分解

把实验结果 R_{ijkl} 按照正交表的行号进行重新编号，记为 $R_1, R_2, \cdots, R_n$。

$$R_1 = R_{1111}, R_2 = R_{1122}, \cdots, R_n = R_{2222}$$

计算正交设计方案总平方和：

$$S_T = \sum_{i=1}^{n} (R_i - \overline{R})^2, f_T = n - 1 \tag{8-32}$$

式中：n 为实验次数；f_T 为 S_T 的自由度；$\overline{R}$ 为实验结果的总平均。

第 j 列的平方和为

$$\begin{cases} S_j = \frac{n}{q} \sum_{k=1}^{q} (\overline{T}_{jk} - \overline{R})^2 \\ f_j = q - 1(j = 1,2,\cdots,m) \end{cases} \tag{8-33}$$

式中：$\overline{T}_{jk}$ 为第 j 列第 k 水平均值；n 为正交表行数；p 为正交表列数；q 为正交表水平数。

根据表头设计和统计模型式，以 $L_8(2^7)$ 为例，各因子与交互作用的平方和分别为

$$\begin{cases} S_A = S_1, f_A = 1 \\ S_B = S_2, f_B = 1 \\ S_C = S_4, f_C = 1 \\ S_D = S_7, f_D = 1 \\ S_{A\times B} = S_3, f_{A\times B} = 1 \\ S_e = S_5 + S_6, f_e = 2 \end{cases}$$

最后通过方差计算和 F 检验对交互作用显著性进行检验。

第三节　评估结果灵敏度分析

灵敏度分析是在装备维修能力影响因素或层次分析法的底层指标取值区域进行扰动研究，观察扰动参数对评价指标的影响，其作用是确定各仿真实验参数对评价指标的重要程度。根据分析目的的不同，可以分为全局灵敏度分析法、局部灵敏度分析法和其他常用灵敏度分析法。

一、局部灵敏度分析法

局部法主要分析因素对模型的局部影响（如某点）。局部法可以得到参数对输出的梯度，这一数值是许多领域研究中所需要的重要数据。局部法主要应用于数学表达式比较简单，灵敏度微分方程较易推出，不确定因素较少的系统模型中。主要包括直接求导法、有限差分法、格林函数法。

（一）直接求导法

对于输入因素个数少、结构不复杂、灵敏度微分方程较易推导的系统或模型，直接法是一种简单快速的灵敏度分析方法。时变（非静止）系统可以用微分或微分代数方程进行描述。假设要考虑的初值问题为

$$f(x,y) = \frac{dy}{dt}, y(0) = y^0 \tag{8-34}$$

式中：y 为 n 维输出变量；x 为 m 维输入因素；y^0 为初始数组。

对式(8-29)的输入 x_j微分得到灵敏度微分方程

$$\frac{\mathrm{d}}{\mathrm{d}t}\frac{\partial y}{\partial x_j}=J\frac{\partial y}{\partial x_j}+\frac{\partial f}{\partial x_j} \tag{8-35}$$

或以矩阵形式表示为 $\boldsymbol{S}=\boldsymbol{JS}+\boldsymbol{F}$

式中:$\boldsymbol{J}=\{\partial f_j/\partial y_j\}$ 为系统代数—微分方程右边对系统输出变量的导数(雅可比矩阵);$\boldsymbol{F}=\{\partial f_j/\partial x_j\}$ 为对输入因素的导数,也可称为参数雅可比。式(8-35)微分方程的初始条件为零向量。

上述的直接法建立在第二个微分方程基础上,要得到其灵敏度矩阵 $\boldsymbol{S}$ 的解,需要先求得矩阵 $\boldsymbol{J}$ 和 $\boldsymbol{F}$ 的值。而矩阵的值是由系统变量的真实值确定,因此,需同时或预先求得。

对于非时变(静止)系统,将其代数方程 $f(x,y)=0$,式中,Y 是 n 维输出变量,X 是 m 维输入因素。令 y^s表示隐性代数方程式的解。对输入因素 x_j求导数,得到下面的灵敏度公式:

$$\boldsymbol{S}^s=-\boldsymbol{J}^{-1}\boldsymbol{F} \tag{8-36}$$

式中:$\boldsymbol{S}^s$为静态灵敏度矩阵;$\boldsymbol{J}$ 和 $\boldsymbol{F}$ 由静态点的变量值计算。对于变量少、结构不复杂、灵敏度微分方程较易推出的系统,直接法是一个简单快速的灵敏度分析方法。

(二) 有限差分法

局部灵敏度最简单的计算方法是有限差分法,其基本做法是使设计变量有一个微小的摄动 Δx_j,用差分格式来计算输出对设计变量的近似导数。其中比较简单的是采用向前差分格式:

$$\frac{\partial y}{\partial x_j}\approx\frac{y(x^j)-y(x)}{\Delta x_j}(j=1,2,\cdots,m) \tag{8-37}$$

式中:$x_j=(x_1,x_2,\cdots,x_{j-1},x_j+\Delta x_j,x_{j+1},\cdots,x_m)$,截断误差与 Δx_j同阶。有时采用更为精确的中心差分公式:

$$\frac{\partial y}{\partial x_j}\approx\frac{y(x^{j+})-y(x^{j-})}{2\Delta x_j}(j=1,2,\cdots,m) \tag{8-38}$$

式中:$x^{j+}=(x_1,x_2,\cdots,x_{j-1},x_j+\Delta x_j,x_{j+1},\cdots,x_m)$,$x^{j-}=(x_1,x_2,\cdots,x_{j-1},x_j-\Delta x_j,x_{j+1},\cdots,x_m)$。

中心差分法的截断误差与 $\Delta {x_j}^2$同阶。虽然中心差分公式比向前差分公式精度高,但在求解每一个导数时需要求一次函数值,这意味着多做一次结构分析,增加了计算工作量。

(三) 格林函数法

微分方程式(8-34)关于初始值 y^0的方程为

$$\frac{\mathrm{d}}{\mathrm{d}t}X(t,t_1)=J(t)\boldsymbol{X}(t,t_1) \tag{8-39}$$

式中：t_1、t 分别为摄动时间和观测时间；$\boldsymbol{X}$ 为灵敏度矩阵，即

$$\boldsymbol{X}(t,t_1)=\left\{\frac{\partial c_i(t)}{\partial c_j^0(t_1)}\right\},\boldsymbol{X}(t_1,t_1)=1(t\geqslant t_1) \tag{8-40}$$

格林函数法的基本思路：要求得灵敏度矩阵，就要借助式（8-34）或式（8-35）非齐次线性微分方程求得通解，而非齐次微分方程的通解是由其对应的齐次方程的通解和非齐次方程的特解两部分组成的，其中齐次方程的通解可由解式（8-38）得到，而非齐次方程的特解由

$$S(t_1,t_2)=\int_{t_1}^{t_2}\boldsymbol{X}(t_2,s)F(s)\mathrm{d}s \tag{8-41}$$

得到，式（8-36）中的 $\boldsymbol{X}$ 称为格林函数，基于式（8-40）的解的数值方法称为格林函数法。

直接求导法的计算量随着参数的增加成线性增加，而格林函数的计算量与变量数成比例关系。

二、全局灵敏度法

灵敏度分析方法有以下特点：

（1）它研究的是各因素对模型的全局影响（不仅是在某点处，而是在不同位置处）。

（2）因素的范围可扩展到因素的整个定义域，各因素可同时变化，能够对非线性、非叠加、非单调模型进行研究和分析。目前，最常见的全局灵敏度分析方法是 Sobol 法。

Sobol 灵敏度分析方法是一种基于方差的蒙特卡洛法。定义一个 k 维的单元体 Ω^k 作为输入因素的空间域，即

$$\Omega^k=\{x|0\leqslant x_i\leqslant 1;i=1,2,\cdots,k\} \tag{8-42}$$

Sobol 灵敏度分析方法的中心思想是将函数 $f(x)$ 分解为子项之和，即

$$f(x_1,x_2,\cdots,x_k)=f(0)+\sum_{i=1}^{k}f_i(x_i)+\sum_{1\leqslant i<j\leqslant k}^{k}f_{ij}(x_i,x_j)+f_{1,2,\cdots,k}(x_1,x_2,\cdots,x_k) \tag{8-43}$$

式（8-43）右端共有 2^k 个子项，且有多种分解方法。现在普遍应用的是 1990 年 Sobol 提出的具有一般代表性的基于多重积分的分解方法。该分解方法的特点如下：

（1）f_0 为常数项，各子项对其所包含的任一因素的积分为 0，即

$$\int_0^1 f_{i_1,i_2,\cdots,i_s}(x_{i_1},x_{i_2},\cdots,x_{i_s})\mathrm{d}x_{i_j}=0(1\leqslant j\leqslant s) \tag{8-44}$$

(2) 各子项之间正交,如果

$$(i_1,i_2,\cdots,i_s) \neq (j_1,j_2,\cdots,j_s)$$

则

$$\int_{\Omega^k} f_{i_1,i_2,\cdots,i_s} \cdot f_{j_1,j_2,\cdots,j_s} \mathrm{d}x = 0 \tag{8-45}$$

(3) 式(8-43)中分解形式唯一,且各阶子项可由多重积分求得

$$f_0 = \int_{\Omega^k} f(x)\mathrm{d}x \tag{8-46}$$

$$f_i(x_i) = -f_0 + \int_0^1 \cdots \int_0^1 f(x)\mathrm{d}x_{-i} \quad (1 \leqslant i \leqslant k) \tag{8-47}$$

$$f_{ij}(x_i,x_j) = -f_0 - f_i(x_i) - f_j(x_j) + \int_0^1 \cdots \int_0^1 f(x)\mathrm{d}x_{-(ij)} \qquad (1 \leqslant i < j \leqslant k) \tag{8-48}$$

在式(8-45)和式(8-46)中,x_{-i}及$X_{-(ij)}$分别表示除x_i及除x_j之外的其他输入因素,类似地可求其余的高阶子项。根据统计学的知识,模型输出$f(x)$的总方差为

$$D = \int_{\Omega^k} f^2(x)\mathrm{d}x - f_0^2 \tag{8-49}$$

现将式(8-43)中各阶子项的方差称为各阶偏方差,即 s 阶偏方差:

$$D_{i_1,i_2,\cdots,i_s} = \int_0^1 \cdots \int_0^1 f_{i_1,i_2,\cdots,i_s}(x_{i_1},x_{i_2},\cdots,x_{i_s})\mathrm{d}x_{i_1}\mathrm{d}x_{i_2}\cdots\mathrm{d}x_{i_s}(1 \leqslant i_1 < x_{i_2} < \cdots < x_{i_s} \leqslant k) \tag{8-50}$$

式(8-43)平方并在整个Ω^k内积分,结合式(8-45)可得总方差与各阶偏方差的关系:总方差等于各阶偏方差之和,即

$$D = \sum_{i=1}^{k} D_i + \sum_{1 \leqslant i < j \leqslant k} D_i + \cdots + D_{1,2,\cdots,k} \tag{8-51}$$

将各阶灵敏度系数定义为各阶偏方差与总方差的比值。s 阶灵敏度 $S_{i_1,i_2,\cdots,i_s}$ 定义为

$$S_{i_1,i_2,\cdots,i_s} = \frac{D_{i_1,i_2,\cdots,i_s}}{D}(1 \leqslant i_1 < \cdots < x_{i_s} \leqslant k) \tag{8-52}$$

这里,S_i为因素x_i的一阶灵敏度系数,表示x_i对输出的主要影响;$S_{ij}(i \neq j)$为二阶灵敏度系数,表示两因素之间的交叉影响;依此类推,$S_{i_1,i_2,\cdots,i_s}$为 k 阶灵敏度,表示 k 个因素之间的交叉影响。

由式(8-51)可知

$$\sum_{i=1}^{k} S_i + \sum_{1 \leqslant i < j \leqslant k} S_i + \cdots + S_{1,2,\cdots,k} = 1 \tag{8-53}$$

在 Sobol 法中,各积分可由蒙特卡洛法求出。因此 f_0、D 及 D_i 可通过蒙特卡洛估计得出

$$\hat{f}_0 = \frac{1}{n}\sum_{m=1}^{n} f(x_m) \tag{8-54}$$

$$\hat{D} = \frac{1}{n}\sum_{m=1}^{n} f^2(x_m) - \hat{f}_0^2 \tag{8-55}$$

$$\hat{D}_i = \frac{1}{n}\sum_{m=1}^{n} f(x_{im}^{(1)}, x_{(-i)m}^{(1)}) f(x_{im}^{(1)}, x_{(-i)m}^{(2)}) - \hat{f}_0^2 \tag{8-56}$$

三、其他灵敏度分析方法

一些简单的灵敏度分析方法即可以用于全局分析,也可以用于局部分析。下面简要介绍一种通用的灵敏度分析方法:百分比灵敏度法。

灵敏度分析不同于重要程度分析。在灵敏度分析中,仅通过指标变化的大小进行分析,难以评价不同单位和量纲的参数对指标影响的灵敏性。为达到这一目的,需要知道所有参数中,哪些参数的摄动对系统的参数阵影响最大,即需要知道所有参数对指标值的灵敏度大小。也就是说,需要所有参数的灵敏度间具有可比性。为此,可以采用百分比灵敏度法。

百分比灵敏度法是指,设某一个参数的摄动量是其初始值 x_0 的 $\alpha\%$,即该参数的取值范围为 $x \subset [x_0, x_0(1+\alpha\%)]$,则目标函数 y 相对于目标初始值 y_0 的摄动量是 $\delta = \beta\%$,即目标函数的取值范围变为 $y \subset [y_0, y_0(1+\beta\%)]$。其中 $\delta = (y - y_0)/y_0$。

固定所有参数的摄动量,从而得出各参数在具有相同摄动量的前提下,目标函数 y 的摄动量 δ,比较 δ 的大小,就可以得出在特定初始值下各参数对系统的灵敏度值,进而可以将系统所有参数的灵敏度大小进行排列,为参数的优化提供帮助。更一般的情况,当无法固定 $\alpha\%$ 时,可以用

$$\delta = (\beta/\alpha)\% \tag{8-57}$$

作为评价指标。该函数可以解释为单位参数百分比摄动导致的目标函数摄动百分比,固定 $\alpha\%$ 是一般情况的特殊形式。对 δ 取极值,则

$$\vec{\delta} = \lim_{\alpha\to 0}\delta = \lim_{\alpha\to 0}(\beta/\alpha)\% \tag{8-58}$$

$\vec{\delta}$ 即为变量 x 处在最大波动量时对目标函数的灵敏度。

百分比灵敏度法从理论上解决了不同参数间灵敏度无法比较的问题,但直接按照理论方法计算时,每个参数摄动 $\alpha\%$ 时,都需要进行一遍完整的运算:确定参数摄动量、计算目标函数变化范围以及换算为评价指标。

第九章
装备维修体系能力计算机仿真评估

计算机仿真是建立需研究系统的模型，进而在计算机上对模型进行实验研究的活动。计算机仿真技术是以计算机科学、系统科学、控制理论和应用领域有关的专业技术为基础，以计算机为工具，利用系统模型对实际的或设想的系统进行分析与研究的一门新兴技术。计算机仿真技术具有良好的可控性、无破坏性、安全、可靠、不受外界条件的限制、可多次重复、高效和经济性等特点，近年来发展十分迅速，已经成为当今众多领域技术进步所依托的一种基本手段。人们逐步认识到，仿真已成为继理论分析和实物实验/演习之后，认识客观世界规律性的强有力的手段。

计算机仿真有三个基本的活动，即系统建模(一次建模)、仿真建模(二次建模)和仿真实验，联系这三个活动的是计算机仿真的三要素，即系统、模型、计算机(包括硬件和软件)。从仿真实验的角度来看，系统根据模型特性可分为两大类，即连续系统和离散事件系统。由于这两类系统固有运动规律的不同，因而描述其运动规律的模型形式就有很大的差别。相应地，系统仿真技术也分为两大类，即连续系统仿真和离散事件系统仿真。装备维修能力评估主要采用离散事件系统。本章重点对离散事件系统仿真进行分析，并对现阶段主要发展的面向 Agent 对象仿真和分布式仿真进行简要介绍。

第一节　离散事件系统仿真

离散事件系统是指系统状态在某些随机时间点上发生离散变化的系统。它与连续系统的主要区别在于：状态变化发生在随机时间点上。这种引起状态变化的行为称为“事件”，因而这类系统是由事件驱动的；而且，“事件”往往发生在随机时间点上，也称为随机事件，因而离散事件系统一般都具有随机特性，系统的状态变量往往是离散变化的。

离散事件系统建模与连续系统建模相比，存在较大的区别。离散事件系统的时间是连续变化的，而系统的状态仅在一些离散的时刻上由于随机事件的驱动而发生变化。由于状态是离散变化的，而引发状态变化的事件是随机发生的，因此这类系统的模型很难用数学方程来描述。随着系统科学和管理科学的不断发展及其在军事、航空航天、计算机集成制造和国民经济各领域中应用的不断深入，逐步形成一些与连续系统不同的建模方法，主要有流程图和网络图。

一、离散事件建模种类

仿真建模结构是一种描述模型动态行为的手段和方法，是仿真建模的一个重要内容。建模结构反映了仿真方法组织状态转移过程中执行的动作或操作的方式。每种仿真方法都决定了自己特有的建模结构。传统的仿真方法与事件、活动、过程概念密切相关，每个模块都是一个与状态转移有关的动作。动作的执行和交互由控制结构处理。根据建模机理的不同，目前离散事件仿真的建模结构主要可分为以下五类：

（1）事件建模。即事件调度（Event Scheduling，ES）建模方法，ES 的基本构建块是事件子程序。ES 首先要确定引起系统状态发生改变的事件，然后把与该事件有关的所有状态改变组织在一个代码块中，即事件子程序。它包括与这些状态改变有关的所有要执行的动作，所有条件测试均在相应的子程序内完成。包括状态改变所需资源的测试，以及事件发生所释放的资源等。

（2）活动建模。即活动扫描（Activity Scanning，AS）的建模方法，AS 的基本构建块是活动。AS 首先确定系统要执行的活动，它描述系统由于状态的改变而执行的动作。AS 分两部分：条件，即执行活动所必须满足的条件；动作，即描述活动所执行的操作集合。这些操作只有当条件满足时才能执行，因而活动的描述非常类似于人工智能中的规则。

（3）进程建模。即进程交互（Process Interaction，PI）的建模方法，PI 的基本构建块是进程。PI 的基本思想是认为模型应描述一个实体流经系统的生命周期过程，按顺序描述一个实体在它的整个生命周期中所经历各个阶段，以及在每个阶段应执行的动作。每个进程都是一个单独的代码块，并与其他进程进行交互。交互由控制结构控制，在仿真中每个实体按自己的进程描述相继通过各个阶段，直到由于某些原因而被停止，从而产生一定的延迟；这时控制转移到其他进程，一旦满足某些条件，延迟被解除，控制又返回该进程，则实体继续向前移动。因此，进程要详细地描述它的阻塞点和重新激活点，以便能正确地控制进程之间的交互。

（4）对象建模。即面向对象（Object Oriented，OO）的建模方法，在面向对象的建模方法中,建模的基本构建模块是代表系统中实体的对象。对象封装了实体的所有属性、特征、事件和行为,它们是现实中真实对象的一种计算机抽象。面向对象方法不仅仅是一种程序设计技术,而且是一种新的思维方式,是一种完全不同于传统功能设计的方法。面向对象的方法为离散事件系统仿真提供了一种新的建模途径,它试图使用户能够以应用领域熟悉的、直观的对象概念来建立仿真模型,建模观点与人们认识现实世界的思维方式一致。传统的仿真建模方法利用事件、活动或进程的概念建立仿真模型;面向对象的仿真则通过构成系统的对象来建立模型,在结构上对象的抽象层次更高,在概念上对象更接近于现实世界,而且对象具有模块性、封装性、局部性、可重用性等显著特点。因此,与传统的仿真方法相比,面向对象的仿真建模具有更大的灵活性、更强的建模能力,而且构造的模型容易理解、交流,便于修改、扩充和维护。面向对象的仿真一直是近些年仿真研究领域的热点之一。

(5) Agent 建模。即基于 Agent(Agent Based,AB)的建模方法,它是随着分布式人工智能(Distributed Artificial Intelligence,DAI)技术的发展而逐渐兴起的新建模分析技术。在这种建模结构中,Agent 成为仿真模型的基本构成元素。Agent 可以理解为具有完整计算能力的智能主体,它具有认知、推理、决策、规划、通信以及协作等行为能力和特征,是有别于对象的一种更高层次的建模概念。在基于 Agent 的仿真建模中,建模人员是以赋予知识与技能的形式来赋予 Agent 一定的行为特征和智能,并以 Agent 组织的形式来构筑模型;在仿真中,通过 Agent 之间自主的交互、协作行为来模拟现实系统的行为。

基于 Agent 的仿真建模技术继承了对象建模的优点,具有更高的主动性和智能性,使得这种建模方法能够实现对人类的学习、合作、协商等复杂行为的模拟。由于 Agent 本身具有完整的计算能力,导致其在结构上和控制方式上与其他方法有很大差别,具有更灵活的实现形式。并且能够充分利用计算机系统的并行计算和分布式计算能力,使仿真系统具有更强大的仿真能力。

二、评估仿真建模流程

离散事件系统仿真研究的一般过程类似于连续系统仿真,它包括系统建模、确定仿真算法、建立仿真模型、设计仿真程序、运行仿真程序、输出仿真结果并进行分析等。下面仅就离散事件系统仿真中的一些特殊问题进行讨论。

(1) 评估对象能力结构分析。通过对仿真对象特点的分析,确定仿真对象的主要环节和构成要素,并根据业务流程设计仿真的实体关系结构。

(2) 能力评估指标设计。对于维修能力评估的仿真而言,无论是采用哪种仿真模型基型设计仿真结构，都需要根据仿真需求，确定能力评估的指标体系，不同的是评估指标参数的获取方式。

（3）系统建模。离散事件系统的模型一般可以用流程图或网络图的方式描述。它们都反映了临时实体在系统内部经历的过程、永久实体对临时实体的作用以及它们之间的逻辑关系。系统建模方法主要有实体流程图法、活动周期图法、Petri 网等方法。

（4）选择仿真算法。离散事件系统的仿真算法包括两方面的内容：一是如何产生所需的随机变量；二是采用怎样的仿真方法对离散事件系统进行仿真，即仿真策略、仿真的方法，主要有事件调度法、活动扫描法、进程交互法、三段扫描法（三阶段法）等。

（5）建立仿真模型。根据已确定的仿真算法建立被仿真系统的计算机模型（变量定义及程序流程）。它是系统状态转移的动态描述，因此首先要定义系统的状态变量，这要根据系统的内部结构及仿真研究的目的来确定。即使是同一系统，仿真研究的目的不同，系统状态可能不同。

在离散事件系统中，状态的变化是由事件引起的，因此，要在定义系统状态的基础上定义系统事件及其有关属性。以事件调度法为例，事件类型及发生时间是必要的属性之一，其他还包括对事件处理的规则，是 FIFO 还是 LIFO，或是其他规则，以便按实际系统要求进行处理。在活动扫描法及进程交互法中，还要定义活动及进程，以便按活动或进程的观点来建立仿真模型，并由模型决定仿真时钟的推进方法。

（6）仿真程序设计。仿真程序是模型的实现，可以自己编写程序或采用仿真语言编程，如 GPSS、SLAM、SIMAN。

（7）仿真结果分析。由于离散事件系统固有的随机性，每次仿真运行所得到的结果仅仅是随机变量的一次取样，那么仿真结果的可信性、提高仿真结果的置信水平在这类系统仿真中占有突出的地位。离散事件系统仿真结果分析可分为终止型仿真（仿真运行长度事先已确定）输出数据的分析、稳态型仿真（仅运行一次，但时间足够长）输出数据的分析和系统方案比较。

三、离散仿真评估模型

离散仿真评估模型是定量仿真评估模型的一种。现阶段常用的计算机能力评估模型是依赖于作战仿真评估模型的。主要有兰彻斯特方程法、指数法、蒙特卡洛法三种。兰彻斯特方法在第三章已经进行描述，在此仅进行简要说明。

（一）兰彻斯特方程法

兰彻斯特方程是用一个耦合的常微分方程组表示作战的数学模型，它的主要特点在于考虑了战斗过程的几种可量化因素，用较简单的确定性解析方程描述所考虑因素对兵力损耗的客观约束关系。

兰彻斯特方程的不足主要体现在数学结构的局限性，该方程适用于人数众多，而单个战斗人员给对方造成杀伤比较小，总的杀伤是一个逐渐累加的作战过程，不适用于现代作战仿真。它的主要缺点如下：

(1) 以确定性建模表现的作战过程，杀伤只和对方战斗力相关，忽略了作战过程自始至终存在着强烈的不确定性这一根本特点。

(2) 消耗率系数难以确定，凭经验和感觉确定的消耗率系数往往是不真实的，这所产生的误差也是无法估计的，可信性差。

(3) 无法考虑对双方战术导致的武器的抑制效应，如海湾战争中，伊拉克军队的相当一部分苏制武器的效能是十分可观的，但是在以美国为首的多国部队的强大的突击火力和成功的战术运用面前，表现得十分无力。

(4) 没有考虑地形等战场环境的对作战的影响。

(5) 没有涉及兵力的空间变量。

(6) 没有考虑人的因素对战争的进程乃至胜负的影响。

兰彻斯特方程是一个简单叠加、正负抵消的线性模型，具有历史的和时代的局限性。后来，许多研究人员为其做了大量的扩充和拓展的工作，如用随机微分方程，或用偏微分方程表示。但由于其方程设计的基础假设决定了其应用的局限性。

（二）指数法

指数法又称杜佩法，是杜佩依据大量的历史战争数据来分析与探求作战过程的数量规律，拟合出一个战斗效能定量比较模型。指数法模型是对兰彻斯特方程的一种改进，是对兰彻斯特方程中所有描述参数进行了细致、分类的描述，将作战中一些难以用数字描述的因素，以相对比值引入作战仿真，如火力指数、作战环境条件的战斗力系数、损耗过程的系数等，增大了对战争描述变量，并进行加权平均处理，它是一个涉及面较宽、比较简单的数学模型。指数法得到了美国军方的支持，因而成了指数方法的独立学派。

杜佩考虑到武器的全部物理属性和能力，并把它们结合在一个经验公式中，从这个公式中产生出“假设的杀伤力指数”的计量尺度，用它来比较军事历史上所有武器的杀伤力。

这个计算方法假设：目标是一个宽度和深度无限的阵列队形，每平方米一个士兵。考虑在这个假设的队形中,每小时内有多少士兵失去战斗能力,就可比较出各种武器对人员杀伤的相对能力。用这种方法计算得到的武器杀伤力指数,即假设杀伤力指数(简称 TLI)。假设杀伤力指数为

$$e_j = \lambda_j \times N_j \times P_{Rj} \times R_j \times P_{Hj} \times P_{ej} \tag{9-1}$$

式中:λ_j为武器的射速;N_j为每一次射击可能打击的人目标数;P_{Rj}为武器射程因子;R_j为武器可靠性;P_{Hj}为武器射击精度;P_{ej}为相对损伤效应。

由于火力、机动性和疏散之间存在着一种动态的相互关系,这个观点对杜佩的研究起了重大的影响。杜佩把这个概念采用到 TLI 中,得出结论:可以通过把一个疏散因子应用到 TLI 中,确定现代作战武器的作战效能。这种经过修改的 TLI 值,称为实际杀伤力指数(简称 OLI)。武器实际杀伤力指数算法为

$$L_o = L_T / D_I \tag{9-2}$$

式中:L_o为第 j 类武器的实际杀伤力指数(OLI);L_T为第 j 类武器的假设杀伤力指数(TLI);D_I为目标疏散因子。

模型的数学结构简单,用于描述较大规模的战役的模拟比较容易,一般在师以上作战单位的作战仿真中使用;其思考习惯符合指挥员的思路,并且,该模型用于训练时其参数便于修改,能随训练人员的现场判断进行实时调整。同时,它也不可避免地“遗传”着兰彻斯特方程固有的弱点,由于其模型简单,也表现了其自身更为鲜明的缺陷。主要有以下几个方面:

(1) 无法建立武器指数与作战模式,作战环境的联系,也无法区分非同类武器的本质区别。

(2) 从武器指数线性叠加得到的兵力指数,即无法表示武器间的协同效果(涌现性),也无法表示武器过多时产生的饱和现象。

(3) 指数法中的聚合过程,由于是线性加权叠加,聚合过程已失去了真实性,不能表述(1+1>2)的现象,也很难解聚。

(4) 无法考虑新式武器装备,新的战法对作战过程的影响,参数的制定基本上属于主观的、定性的范畴。

(三) 蒙特卡洛法

蒙特卡洛作战仿真首先是把所要描述的战术现象分解为一系列的基本活动和事件,如机动、搜索、发现、目标选择、目标分配、射击、命中、毁伤等,然后用随机性的方法模拟每一项事件和活动,最后,再按事件或活动的逻辑关系把它们组合在一起,从而达到模拟作战过程的目的。

蒙特卡洛法的基本步骤如下:

(1) 根据作战过程的特点构造模拟模型,确定问题解的指标。把所要描述的

作战过程分解为一系列基本活动和事件，如搜索、发现、射击、命中、毁伤等；按事件或活动的逻辑关系把它们组合到一起。

（2）通过对模型或过程的随机抽样实验，计算解的指标的统计特征，给出解的近似值和解的精度（用标准误差表示）。

（3）评估验算，对全过程涉及数值、模型、方法、代码等内容进行全面验证。

蒙特卡洛法的特点如下：

（1）应用范围广，原则上没有什么限制，能解决解析法难以解决甚至无法解决的复杂问题。

（2）特别适用于随机因素较多的问题。

（3）各种因素对最终结果的影响不如解析法直接明了，即 M-C 方法的“盲目性”。

第二节 Agent 对象仿真

Agent 一般是指为实现一定目标，适应一定环境并在此环境下自主地执行任务的行为主体。Agent 实体之间进行交互、动作和协作，同时与环境也进行着能动的行为，如自学习等。Agent 思想最先来源于 DAI 的研究。DAI 的研究可以分为两个大的方向，即分布式问题求解（Distributed Problem Solving，DPS）和多 Agent 系统（Multi-Agent System，MAS）。MAS 的研究涉及在一组自主的 Agent 之间协调其智能行为、知识、目标以及规划等以便联合起来采取行动或求解问题。从 20 世纪 80 年代末开始，Agent 理论、技术研究从 DAI 领域中拓展开来，并与许多其他领域相互借鉴和融合，得到了更为广泛的应用。

一、基本概念和思想

Agent 不同于其他软件开发方法，它不是面向现实世界中静态实体或功能，而是面向有意识、有思维的行为实体，也就是说 Agent 把行为实体作为系统的基本成分，是按照行为实体的存在方式进行划分的。

传统的仿真建模方法是一种自上而下、层层分解的分析方法，即模型的构建从整体设计开始。首先将复杂问题分解为多个可求解的子问题；然后构建子问题求解模型，进而将多个子问题求解模型综合集成得到整体模型。对于一些简单的、可叠加的线性系统而言，该仿真建模方法具有一定的适用性，但将其应用于复杂的、非线性的群体行为仿真，往往难以产生令人满意的效果。

面向 Agent 仿真建模方法是一种由底向上的建模方法，它把 Agent 作为系统的基本抽象单位，采用相关的 Agent 技术，先建立组成系统的每个个体的 Agent 模型，然后采用合适的 MAS 体系结构来组装这些个体 Agent，最终建立整个系统的系统模型。其将仿真群体中的个体看作独立自主、智能适应的 Agent，从微观行为和局部规则入手，完成 Agent 模型的感知、决策和运动三个方面的设计与实现。面向 Agent 仿真的本质是，通过对现实世界的模拟，将复杂系统划分为与之相应的多个 Agent，建模与仿真时首先从个体 Agent 的微观行为和局部规则入手，进而以涌现的方式生成复杂的整体行为。

面向 Agent 仿真的基本思想，是从现实世界中人类、事物和环境出发，认为事物的属性特别是动态特性在很大程度上受到与其密切相关的人和环境的影响，强调认识、思维与客观事物及其所处环境之间的相互作用，将影响事物的主观与客观特征相结合，并抽象为系统中的 Agent，作为系统的基本构成单位，通过 Agent 之间的合作实现系统的整体目标。

面向 Agent 仿真理论的提出，打破了传统方法的局限，为复杂的群体行为仿真建模提供了一条新的途径。

二、Agent 类型分类

Agent 是一个独立的个体，内部封装数据和方法，有对象的继承与多态的性质。但是 Agent 具有对象所不具有的自治性、反应性和社会性。其自治性表现在，Agent 除将其状态与其方法完全封装，根据其内部状态自治地执行某个方法或动作以实现自身的目标，还可观测其所处环境，对所处环境的变化实时做出反应，以不影响自身目标的实现，表现为 Agent 的反应性。根据 Agent 构建理念的不同，单个 Agent 通常分为思考型 Agent、反应型 Agent 和混合型 Agent。

（一）思考型 Agent

思考型 Agent 的最大特点就是将 Agent 看作是一种意识系统（Ntentional System）。人们设计的基于 Agent 系统的目的之一是把它们作为人类个体或社会行为的智能代理，那么 Agent 就应该（或必须）能模拟或表现出被代理者具有的所谓意识态度，如信念、愿望、意图（包括联合意图）、目标、承诺、责任等。具体结构如图 9-1 所示。

（二）反应型 Agent

反应型 Agent 的支持者们认为，Agent 的智能取决于感知和行动（所以在 AI 领

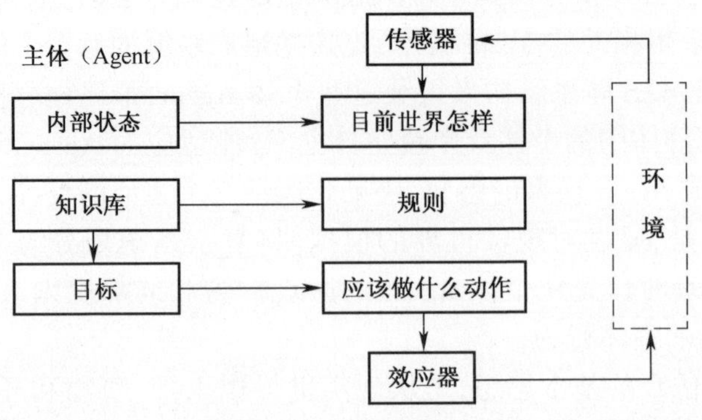

图 9-1　思考型 Agent

域也称为行为主义)，从而提出 Agent 智能行为的“感知—动作”模型；Agent 不需要知识，不需要表示，也不需要推理，Agent 可以像人类一样逐步进化，Agent 的行为只能在现实世界与周围环境的交互作用中表现出来；符号 AI 对真实世界中客观事物及其行为工作模式的描述是过于简化的抽象，因而不可能是真实世界的客观反映。

反应型 Agent 的一种典型结构是子前提结构。该结构是由用于完成任务的行为来构成的分层结构，这些行为相互竞争以获得对机器人的控制权。这种虽然简单的结构在实践中被证明是非常高效的，它甚至解决了传统符号 AI 很难解决的问题。具体结构如图 9-2 所示。

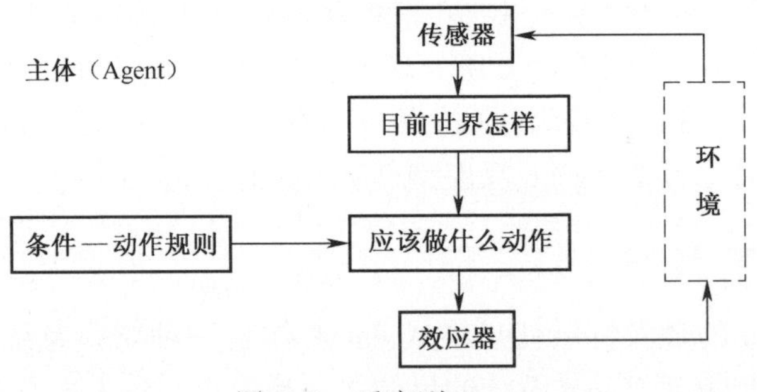

图 9-2　反应型 Agent

（三）混合型 Agent

混合结构的系统通常被设计成至少包括如下两部分的层次结构。高层是一个包含符号世界模型的认知层，它用传统符号 AI 的方式处理规划和进行决策；低层是一个能快速响应和处理环境中突发事件的反应层，它不使用任何符号表示和推理系统。反应层通常被给予更高的优先级。采用分层结构时要处理的主要问题是,各层应采用什么样的控制框架以及各层之间应如何交互。具体机构如图 9-3 所示。

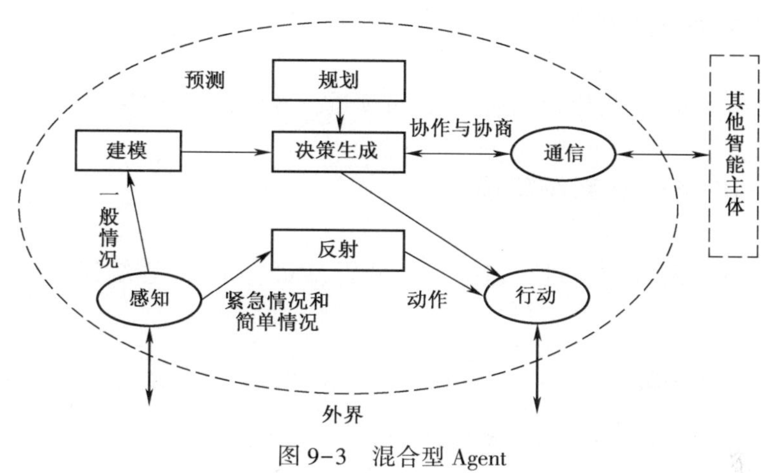

图 9-3　混合型 Agent

反应型 Agent 能及时而快速地响应外来信息和环境的变化,但其智能程度较低,也缺乏足够的灵活性。思考型 Agent 具有较高的智能,但无法对环境的变化做出快速响应,而且执行效率相对较低。混合型 Agent 综合了两者的优点,具有较强的灵活性和快速响应性。

三、基本流程和方法

在实际的应用中,面向 Agent 仿真过程及其模型演化过程包括以下几个步骤:

(1) 对象系统和目标分析。对象系统的组成要素、结构以及各构成要素的活动或工作特征、相互关系进行分析;并按照分析目标对结构进行简化。

(2) 确定构造模型的 Agent。确定构造系统的 Agent 类型,并设计系统的静态和动态 Agent 模型,明确各类 Agent 与对象系统中实体或事物的对应关系,确定各类 Agent 的行为特征,并建立各类 Agent 之间的抽象关系模型。

(3) 模型的详细描述。根据提供的 MAS 模型描述方法建立对模型要素及结构的详细描述,包括各类 Agent 的结构、行为和交互的描述,以及系统组织结构的抽象描述。

(4) 定义仿真控制结构。确定仿真系统的具体控制结构、各部分的工作方式以及相互之间的信息、指令流动等规则。

(5) 仿真系统实现。将建模内核与仿真控制结构连接起来,形成可运行的仿真模型系统。

(6) 设计实验方案。确定模型的具体实验结构，包括各类 Agent 的数量、参数、Agent 对象之间的具体关系模型、初始状态，以及各种实验控制的运行条件与参数等，形成仿真实验方案。

(7) 执行仿真实验，生成实验结果。

(8) 分析实验结果，修改实验方案，重新进行实验，直至退出。

四、Multi-Agent 系统建模

Multi-Agent 系统建模过程包括系统分析、Multi-Agent 系统建模、Agent 建模三个阶段。

(一) 系统分析

基于 Multi-Agent 系统的分析阶段主要完成系统需求分析和系统结构分析。换言之，在这个阶段要完成系统需求分析和系统结构分析两个任务。其中，系统需求分析主要是要弄清用户对系统的功能要求；而系统结构分析，对于 Mul ti-Agent 系统，是要发现 Agent 个体，理清每个 Agent 的目标，以及初步分析 Agent 为实现自身目标可能要与哪些 Agent 进行必要的交互，也就是说要哪些 Agent 帮忙才能实现自身目标。具体地，可通过以下步骤完成系统分析：系统功能分析、用例分析、发现个体 Agent、确定 Agent 的目标和识别 Agent 的认识关系等。

(二) Multi-Agent 系统建模

Multi-Agent 系统建模包括静态建模和动态建模。

1. 静态建模

Multi-Agent 系统静态模型可利用 UML 类图扩展描述 Agent 间的静态组织结构，从静态角度建模系统。UML 类图中的主要模型元素类与类间关联。类用长方形方框表示，分为上、中、下三个区域，上面的区域内用黑体字标识类名，中间区域标识类的属性，下面的区域标识类的操作及方法。类间关联用类与类之间的连线表示它们间的某种关系，主要有泛化、普通关联、组成与聚集等。

2. 动态建模

Multi-Agent 系统动态建模是通过 Agent 的动态行为，Multi-Agent 系统中各 Agent 间的交互与协作来描述 Multi-Agent 系统间的交互与协作是采取协商的方式来实现，即通过通信语言交流实现 Agent 间的交互与协作，完成 Agent 的目标和任务。可通过交互顺序图、活动图完成 Multi-Agent 系统的动态建模。

（三）Agent 建模

可以用状态图（State Diagrams，或 State Machine Diagram）描述对 Agent 的状态模型。具体地说，Agent 的状态模型由 Agent 在生命周期中所处的各个状态和状态之间变迁组成。其中，状态描述 Agent 在生命周期中的某一时间段内的状况，在这段时间内 Agent 的属性值相对稳定，或者正等待某些事件的发生，或者正在执行某些内部操作。在状态图中状态表示为圆角四边形，其中上面标出了状态名，下面是处于该状态时的相关内部操作。变迁则反映了状态之间的变化和联系，在状态图中它表示为状态间带箭头的线段。状态变迁可由事件引发，也可以由监护条件控制其变迁方向。

第三节　先进分布式仿真

先进分布仿真是指采用协同的结构、标准、协议和数据库，用计算机网络将分布在不同地点的仿真系统连接起来，通过仿真实体间的互操作构成的综合仿真环境。分布仿真的产生是由于传统的单台仿真器解决了单个乘员的训练问题，但不能很好地满足协同、分队战术等高级训练任务的需求。为了满足联合作战训练、评估等高层次需要，必须使仿真器从单台独立运行模式向联网交互运行模式发展，正是这种网络化需求产生了先进分布仿真（Advanced Distributed Simulation，ADS）。

从系统的物理构成来看，先进分布仿真系统是由仿真节点和计算机网络组成的。仿真节点负责实现本节点的仿真功能，包括动力学和运动学方程的求解、运动模拟、视景生成及音效合成、特殊效果（烟雾、爆炸和碰撞效果、风雨雷电等自然效果）合成、人机交互等。各节点负责计算其内部的一个或多个仿真实体的状态，并把这些状态及其内部事件通知其他节点。仿真节点还负责接收其他节点发送来的状态和事件信息，并计算这些信息对本节点的影响。分布在不同地域的仿真节点通过计算机网络连接起来，采用局域网、广域网及网桥、路由器和网关等互联设备连接这些节点。

一、相关概念和分布仿真分类

（一）相关概念

（1）DIS。DARPA 于 1983 年和美国陆军共同制定了一项合作研究计划——

SIMNET 计划。此计划要将分散在各地的多个地面车辆(如坦克、装甲车)仿真器用计算机网络连接起来,进行各种复杂任务的训练,演示验证实时联网的人在回路作战仿真和作战演习的可行性,达到降低训练成本、提高训练的安全性及减小对环境的不良影响的目的。1990 年,DARPA 将 SIMNET 移交给美国陆军仿真、训练与装备司令部,并将其更名为 DIS。

(2) HLA。1995 年 10 月,美国国防部公布了“国防部建模与仿真主计划”,提出了六大目标。其中第一个目标是“为建模与仿真提供一个公用技术框架”。这个目标又包括三个子目标:一是开发一种高层体系结构(High Level Architecture,HLA),以取代 DIS 标准;二是开发使命空间概念模型(Conceptual Models of the Mission Space,CMMS),为建立相容而权威性的模型描述提供一个公共的起点,以利于仿真部件的互操作和重用;三是制定数据标准,为建模与仿真提供公共的数据表示方法。

(3) 规则。定义了联邦和联邦成员应符合的若干原则。

对象模型模板(Object Model Template,OMT)。用来描述联邦中的对象模型。

联邦对象模型(Federation Object Model,FOM)。用来定义联邦成员间的公用数据交换。

仿真对象模型(Simulation Object Model,SOM)。用来描述单个仿真应用所能提供给联邦的功能。

(4) 接口规范。一系列的服务原语(独立于具体的程序语言),其中定义的每一个服务功能都对应联邦运行支撑环境(RTI)一个具体的子函数或功能模块。

RTI 是 HLA 接口规范的具体实现,它提供了仿真运行管理功能和底层通信传输服务,从而实现了两者与仿真功能的分离,便于实现大型系统的“即插即用”。

(二) 分布仿真分类

从组成单元的性质上看,可把先进分布仿真系统划分为虚拟仿真、构造仿真和真实仿真三类。

1. 虚拟仿真

虚拟仿真,包括各种类型的人在回路仿真器和计算机生成兵力(Computer Generate Force,CGF)。虚拟仿真往往表现为真人操纵模拟系统,人成为一控制回路的中心,回路中的人和一个类似的、结成网络的敌军进行战斗。回路中的人借助模拟系统使人成为控制回路的中心,来练习操纵装备的能力、决策能力或通信能力。虚拟仿真中,人的行为由真人操作,尽可能地体现包含人的复杂系统的特征。

2. 构造仿真

构造仿真,包括聚合级仿真、作战模拟(Wargames)和一些分析模型。构造仿真是一种战争演练模型和分析工具,通常是由模拟的人操纵模拟的系统,包括图上演习、沙盘和海军用舰船模型进行的作战模拟。基于 HLA 技术,美国开发了许多典型的保障仿真系统。WLTAE 仿真系统将作战和保障进行联合仿真的综合仿真平台,为建立“端对端”的聚焦后勤平台奠定了基础。LOGSIM 保障仿真系统是由美国 SPARTA 公司基于 HLA 技术设计开发,实现了对美军现役所有机型的维修保障活动模拟。

3. 真实仿真

真实仿真,包括实际的靶场或训练场的各种实兵演习。真实仿真是真正的军人使用实际装备在实地战场开展的演习行动。它是最古老、最熟悉的模拟样式,他们操纵实际装备进行真正的战斗行动和情景模拟。它不仅用作一种训练方式,而且也是研究和作为更大的模拟系统的一个子系统和数据来源的一个重要基础。

(三) HLA 结构

HLA 采用对称的体系结构。所谓对称的体系结构是指,在整个仿真系统中,所有的应用程序都是通过一个标准的接口形式进行交互作用,如图 9-4 所示。

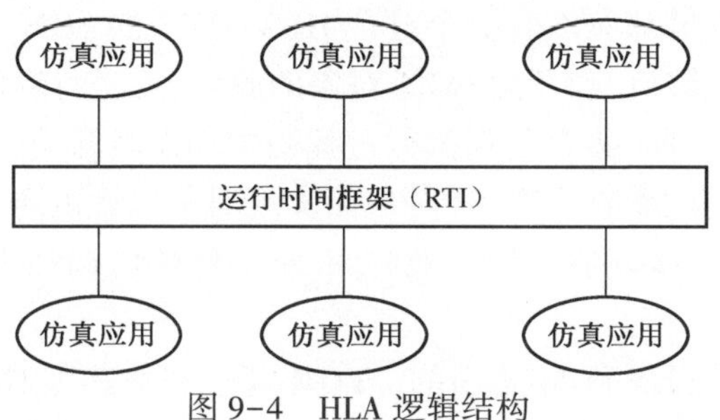

图 9-4　HLA 逻辑结构

HLA 将分布仿真的开发、执行同相应的支撑环境分离开,这样可以使仿真设计人员将重点放在仿真模型及交互模型的设计上,在模型中描述对象间所要完成的交互动作和所需交换的数据,而不必关心交互动作和数据交换是如何完成的;另外,RTI 为联邦中的仿真提供一系列标准的接口(API)服务,满足仿真所要求的数据交换和交互动作的完成,同时还要负责协调各个方面各个层次上的信息流的交互,使联邦能够协调执行。联邦成员在对象模型中声明它希望发送和接收的信息,RTI 负责将信息按声明的要求传输到相应的成员,并完成相关的网络操作,从而实现将变化的信息传输到需要的地方,这样可以大量减少网络负载,而不像 DIS 那样采用广播的方式将所有信息传输到所有节点。

二、HLA 组成

1997—1998 年,DMSO 先后推出 HLA 的三个规范版本 1. 1、1. 2 和 1. 3。2000

年，IEEE 发布了 HLA 规范 IEEE 1516，基本框架与 DMSO HLA 1.3 类似。HLA 1.3规范主要由三部分组成：规则、对象模型模板和接口规范，即 HLA 的主体构成：规则、接口规范和对象模型三部分。

（一）HLA 规则

HLA 1.3 规范给出了 HLA 的十大规则：

（1）每个联邦都应该有一个符合 HLA-OMT 的 FOM。

（2）联邦中 FOM 内部对象的所有表示都应该包含在联邦成员中，而不是在 RTI 中。

（3）在联邦执行中，联邦成员之间的所有 FOM 数据交换都必须经过 RTI 实现。

（4）在联邦执行中，联邦成员与 RTI 之间的交互应该符合 HLA 的接口规范。

（5）在联邦执行中，对象实例的任何一个属性在给定时间至多被一个联邦成员拥有。

（6）每个联邦成员都应该有一个符合 HLA-OMT 的 SOM。

（7）联邦成员能够更新/反射 SOM 对象的属性，发送/接收 SOM 交互的参数。

（8）联邦成员应该能够在联邦执行过程当中动态转移/接受属性的所有权。

（9）联邦成员应该能够改变条件，从而实现对象属性的更新。

（10）联邦成员应该能够管理本地时间，从而能够协调和其他联邦成员的数据交换。

前 5 条规则都是围绕 FOM 给出的。FOM 规定和描述了 HLA 联邦支持的核心对象、对象属性结构以及对象之间的交互行为，例如，要交换哪些数据、在什么条件下交换这些数据。规则(2)明确了仿真专用功能和一般性支撑通信功能的分割；规则(3)和规则(4)指出仿真专用功能和支撑功能的协同交互。这样一来，RTI 服务可以公共使用，使其重复使用成为可能；同时也方便了开发过程，因为仿真实体开发人员现在可以集中精力开发仿真建模等专用功能。后面的 5 条则围绕 SOM 描述了联邦个体应该遵循的规则。

（二）HLA 接口规范

接口规范 1.3 定义了六大类服务，即联邦管理服务、声明管理服务、对象管理服务、所有权管理服务、时间管理服务和数据分发管理服务。理解这些服务功能是基于 HLA/RTI 的仿真软件开发和应用的基础。这些服务接口分为两类：一类是 RTI 提供服务，由成员调用的接口（调用函数）；另一类是由成员响应 RTI 调用的接口（回调函数）。服务和接口信息均用描述性的文本方式给出。规范还在附录中给出了 IDL、C + +、Ada95 及 Java 四种语言的编程接口。

（1）联邦管理。主要用于创建、撤销、加入和退出联邦执行。联邦执行过程是从建立联邦执行开始的。联邦执行建立后，联邦成员可以根据需要，随时加衣和退出联邦。但只有在所有联邦成员都退出后，联邦执行才能被撤销。

（2）声明管理。目的是在联邦范围内建立一种发布和订购关系，实现“各尽所能，各取所需”，以利用 RTI 的控制机制来降低网络负荷。

（3）对象管理。在声明管理基础上，实现对象实例的注册/发现、属性值的更新/反射、交互实例的发送/接收以及对象实例的删除等功能。

（4）所有权管理。在联邦执行的任一时刻，其中对象实例的任一属性应由且只能由一个联邦成员来负责其值的更新，这时称该成员拥有属性的所有权。属性所有权可在成员间转移，所有权管理服务即用来处理属性所有权的迁移和接受。

（5）时间管理。主要任务是使虚拟世界中事件发生的顺序与真实世界中事件发生的顺序相一致，保证各成员能以同样的顺序观察到事件的产生，并能协调它们之间相关的活动。

（6）数据分发管理。声明管理在对象类属性层次上为联邦成员提供了表达发送和接收意图的机制，而数据分发管理则限制了对象实例接收信息的范围，在实例属性层次上进一步增强了联邦成员精简数据需求的能力。其目的仍然是减少仿真运行过程中无效数据的发送和接收，提高仿真运行的效率。

（三）HLA 模型

HLA 要求每个联邦成员或者联邦有一个描述实体表示方式的对象模型。HLA-OMT 规定了这些对象模型应该包含的信息种类，但是对对象模型内部具体用到哪些对象类并不做具体定义。HLA-OMT1.3 版主要由以下 9 个表组成，每个表描述了对象模型的一个侧面。

（1）对象模型鉴别表。记录与对象模型相关的重要标识信息，如对象名称、版本标识、创建和修改日期、开发人员的相关信息等。

（2）对象类结构表。记录所有联邦或联邦成员对象类的名称，并且描述了类与子类的关系。

（3）交互类结构表。记录所有联邦或联邦成员交互类的名称，并且描述了类与子类的关系。

（4）属性表。记录联邦或联邦成员中对象属性的特征，如属性名、数据类型、精度等。

（5）参数表。记录联邦或联邦成员中交互参数的特征，如参数名、数据类型、精度等。

(6) 枚举数据类型表。用来对出现在属性表/参数表中的枚举数据类型进行说明。

(7) 复杂数据类型表。用来对出现在属性表/参数表中的复杂数据类型进行说明。

(8) 路径空间表。记录对象类和交互类路径空间的特征,如空间名称、维数、各维名称和数据类型、范围等。

(9) FOM/SOM 词典。用来定义上述各表中出现的术语。

三、HLA 仿真管理

HLA 仿真管理是仿真的具体实施过程。具体包含以下几个步骤。

1. 确认系统能否正常运行,并对演习中需要的资源进行加载。

主要包括硬件检测、网络维护、资源加载、应用启动和任务规划。任务规划包括:确定系统运行的目的和目标;确定性能评估和效能评估的方法;明确反馈手段和数据采集需求;定义训练作战规则;确定运行区域;定义运行环境;确定兵力装备;建立初始条件;确定系统的运行时间。

2. 对系统中的初始参数实行初始化

初始参数既包括实体参数、环境参数、兵力参数,又包括仿真任务的分解加载、时钟同步等。

(1) 分解、加载任务。

(2) 初始化并建立仿真实体。

(3) 初始化兵力部署。

(4) 初始化环境。

(5) 初始化仿真记录系统。

(6) 时钟同步。

3. 过程干预

在演习进行当中,管理系统的主要功能是数据记录和监控系统的运行情况,必要时还要干预运行过程。具体包括:实时数据记录;实时数据和设备监控;实时态势和场景显示;运行控制(启动/暂停、开始/恢复、退出等)。

仿真系统运行结束后,需要对仿真结果进行分析,进行性能评估和效能评估,最后形成分析评估报告,得出评估结论。

附录
装备维修体系能力评估示例

对装备维修体系能力的评估模式可以分为两类：一是对特定的装备维修体系现有能力评估；二是对装备维修体系的建设性评估。现有能力评估是建设性评估的基础，除评估指标分析和综合外，评估流程和方法基本相同。以装备维修体系为评价对象，在预计维修任务的基础上，通过建立评价模型，对维修体系维修能力评估过程进行简要示例分析，以便于掌握装备维修体系能力评估方法。

仅就装备维修体系能力评估而言，忽略指标体系中各个指标的内部能力构成，较为简便的方法是利用德尔菲法等主观赋权方法，对指标体系的各个指标进行赋权，然后按照加权集或加权和等方式建立综合评价指标，即评估建模。考虑评估工作量的问题，以此为基础的评估层次设计一般不能够太过复杂，如果仅作为评价、比较体系能力而言是可行的；但如果是为建设而评估，需要选择综合性的评估方法。以物元法为例，简要说明装备维修体系能力评估过程。

1. 装备维修指标体系

针对装备维修器材保障、运输投送和维修作业三个活动构成的装备维修体系，根据指标体系建立的基本原则设计评价指标体系，基于构成装备维修体系的活动组成，建立如附图-1 所示的装备维修指标体系结构。

对于评估指标体系中各指标归一化问题，引入 1~9 标度法，将定性分析统一用定量数字来约定。各级标度含义如附表-1 所列。对于逆向指标，可以取其导数转化为正向指标。

2. 划分经典域、节域

根据评估要求，将各评价指标划分为较差 E_1、一般 E_2、较高 E_3、很高 E_4 四个等级，对于装备维修器材保障而言，各等级的经典域、节域分别为

$$\boldsymbol{R}_1 = \begin{bmatrix} E_1 & C_{11} & (1,4) \\ & C_{12} & (1,4) \\ & C_{13} & (1,4) \end{bmatrix}, \boldsymbol{R}_2 = \begin{bmatrix} E_2 & C_{11} & (4,6) \\ & C_{12} & (4,6) \\ & C_{13} & (4,6) \end{bmatrix},$$

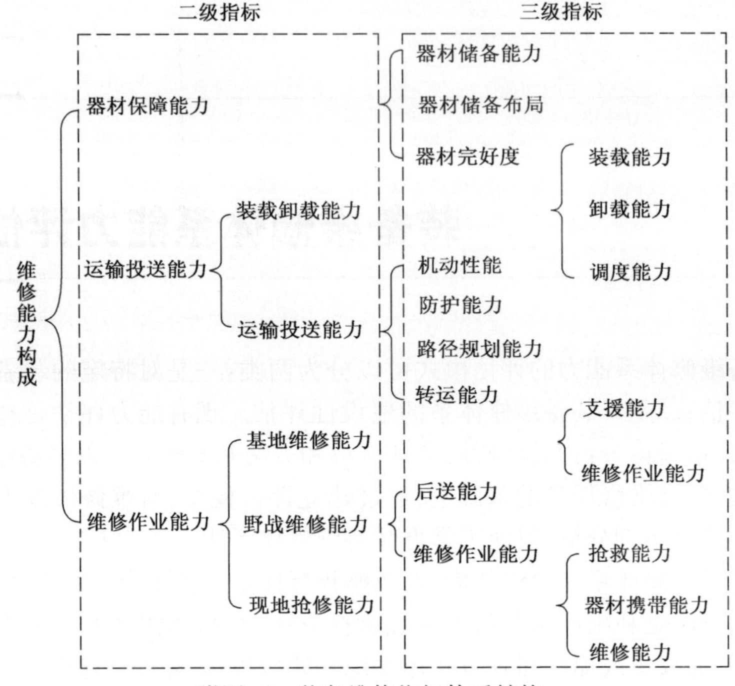

附图-1 装备维修指标体系结构

$$\boldsymbol{R}_3 = \begin{bmatrix} E_3 & C_{11} & (6,8) \\ & C_{12} & (6,8) \\ & C_{13} & (6,8) \end{bmatrix},\ \boldsymbol{R}_4 = \begin{bmatrix} E_4 & C_{11} & (8,9) \\ & C_{12} & (8,9) \\ & C_{13} & (8,9) \end{bmatrix},\ \boldsymbol{R}_p = \begin{bmatrix} E_p & C_{11} & (1,9) \\ & C_{12} & (1,9) \\ & C_{13} & (1,9) \end{bmatrix}$$

附表-1 标度划分表

定义	很差	较差	一般	较高	很高	相邻定义
标度	1	3	5	7	9	2 4 6 8

3. 距和关联函数

为定量描述物元特征,将实变函数中距离的概念拓展为距,其计算公式为

$$s(v_i, V_{ij}) = \left| v_i - \frac{1}{2}(a_{ij} + b_{ij}) \right| - \frac{1}{2}(b_{in} - a_{ij}) \quad (附-1)$$

$$s(v_i, V_{in}) = \left| v_i - \frac{1}{2}(a_{in} + b_{in}) \right| - \frac{1}{2}(b_{in} - a_{in})\ (i = 1,2,\cdots,n) \quad (附-2)$$

关联函数是表示物元的量值为实数轴上一点时,物元符合要求的取值范围程度,其计算公式为

$$K_j(v_i)=\begin{cases}\dfrac{-s(v_i,V_{ij})}{|V_{ij}|}(v_i\in V_{ij})\\[2ex]\dfrac{s(v_i,V_{ij})}{s(v_i,V_{in})-s(v_i,V_{ij})}(v_i\notin V_{ij})\end{cases}\qquad(附-3)$$

式中:v_i为指标实测值;$K_j(v_i)$为评价指标 i 第 j 级别的关联函数。最后可以计算第 j 级别的关联度,计算公式为

$$K_j(N)=\sum\nolimits_{i=1}^{n}W_iK_j(v_i)\qquad(附-4)$$

式中:W_i为第 i 个评价指标的相对重要性程度,即权重。

4. 评估计算

设评估对象为某分队装备维修体系能力,根据分队的人员、编制、装备及训练等实际情况,由专家评分的方式得到二级指标的度量值,或者利用第五章相关算法,通过建立综合评估模型,确定各个能力指标值。随后利用改进的层次分析法构造权重判断矩阵,计算一级指标关于评估对象的相对权重及二级指标关于一级指标的相对权重,如附表-2 所列。

附表-2　评估指标量值与相对权重

一级指标	C_1	C_2	C_3	C_4	C_5	C_6
相对权重	0.177	0.188	0.146	0.135	0.299	0.125
二级指标	$C_{11}C_{12}C_{13}$	$C_{21}C_{22}C_{23}$	$C_{31}C_{32}C_{33}C_{34}$	$C_{41}C_{42}$	$C_{51}C_{52}$	$C_{61}C_{62}C_{63}$
量值	4.8　5.9　6.3	6.3　5.8 7.4	6.6　6.1　6.2　7.2	6.2　6.7	4.8　5.1	5.7　5.5　6.4
相对权重	0.355　0.294	0.278　0.389　0.333	0.286　0.214　0.286　0.214	0.462　0.538	0.364　0.636	0.375　0.292　0.333

由附表-2 中数据及公式,可计算出该分队装备维修体系能力及各一级指标关于各等级的关联度,如附表-3 所列。

附表-3　装备维修体系能力及各一级指标关于各等级的关联度

等级	指标						
	器材保障	装卸载	运输投送	基地维修	野战维修	现地抢修	体系能力
$j=1$	−0.378	−0.494	−0.477	−0.494	−0.203	−0.375	−0.323
$j=2$	0.121	−0.144	−0.169	−0.156	0.432	0.085	0.058
$j=3$	−0.041	0.119	0.211	0.235	−0.194	−0.001	0.033
$j=4$	−0.362	−0.357	−0.368	−0.375	−0.438	−0.402	−0.332

5. 等级评定

若 $K_j(N)=\max(k_j(N))$，则评定对象 N 属于等级 j，$k_j(N)\geqslant 0$ 表示待评定物元符合评估等级 j，$k_j(N)\leqslant 0$ 表示待评定物元不符合评估等级 j，$k_j(N)$ 的大小反映待评物元符合或不符合评估等级 j 的程度。

从附表-3 中结果可以看出，该分队装备维修体系能力属于一般层次。从前后数据分析，基本上还是偏向于较高层次。

6. 综合分析

物元分析法得出的评定结果对于评估对象本身具有很好的参考价值。为深入分析各指标对体系能力的影响大小和影响率，可以通过正交设计等方式，通过设定各个指标构成要素的不同水平，对体系能力进行多案评估。并经过评估指标综合和灵敏度分析等方法，确定影响体系能力水平的重要变量和薄弱环节，为装备维修体系能力的建设提供数据支撑。

后　记

本书是作者在国防大学博士后流动站期间,在工作和装备保障研究基础上整理出版的。从2001年进入军校大门,2010年走向工作岗位,从事实验鉴定工作,眨眼间已有8年。在工作期间,有关装备的可靠性和维修性的一系列问题一直在发酵,找不到一个合适的切入点表达关于装备质量的思考,直到在国防大学开展军事装备学相关领域研究,并与相关专家交流,深刻认识到装备维修能力评估对装备可靠性发展的促进作用。由此萌发以装备维修能力评估为起点,探索装备质量建设新途径的思考。

在完成本书,即将完成这一段难得的博士后工作经历之际,回首求学和工作经历,从机械设计、材料、控制、电子、振动与冲击、数据库到质量管理、装备保障学,跨学科、跨领域的研究使本人受益匪浅,同时也感到所取得成绩有限,任重道远,愧对很多帮助和鼓励的诸位师长和领导。

从硕士研究生师从白鸿柏教授,至今已有十余载,“师生如父子”的教诲,感激之情无以言表。他引领并鼓励我独立思考、勇于尝试,言传身教,塑造学生科研创新的基本素养。感谢博士后合作导师陈军生教授,其对问题的洞察力和敏锐让人佩服,在研究工作过程中启发式的引导,为完善自己的知识体系结构,改进思维模式提供了极大帮助。

本书的完成,得到了许多领导、专家、战友的帮助。感谢培育我的母校——军械工程学院,以及学院的张培林教授、张英堂教授、吕建刚教授、何忠波教授、齐晓慧教授、王瑞林教授等专家给予的指导,李冬伟师兄、路纯红师姐、李宇明师兄、侯军芳师兄、王尤颜师兄、李玉龙师弟、刘树峰师弟在专业学习上的支持。感谢国防大学刘玉清副教授、宋士兵副教授、谭力副教授、杨军副教授、曹毅讲师、林世岗师兄在工作中的热情指导。此外,还要感谢雷红伟教授、李莉教授的无私帮助,由于他们的鼓励,让我有勇气将本书出版。同时,感谢国防工业出版社的大力支持!

最后,感谢妻子马晓蕊和牙牙学语的儿子,感谢我那饱受苦难的母亲!感谢你们的默默支持和无私奉献,无论顺境、逆境,都默默陪我走过。

对于我来说,过去十多年的研究经历是一个不断否定自我,寻找方向的过程。改革之后,又将面临新的领域,新的挑战。如果确如戴布劳格林明所说,可以将治学设定为——广见闻,多阅读,勤实验三大原则,暂且将这本书当作一个“实验品”吧,以期在治学的道路上能够循序渐进,破除迷蒙晓雾,收拾零落思绪,不忘初心,继续奋勇前行。

参考文献

[1] 陈军生．军事装备保障学[M]．北京:国防大学出版社,2017.

[2] 郭齐胜,徐享忠．计算机仿真[M]．北京:国防工业出版社,2011.

[3] 张召忠,陈军生．联合战役装备技术保障[M]．北京:国防大学出版社,2005.

[4] 马亚龙,邵秋峰,孙明．评估理论和方法及其军事应用[M]．北京:国防工业出版社,2013.

[5] 籍宝林,王希星．装甲机械化部队武器分析与战斗效能[M]．北京:解放军出版社,2007.

[6] 徐贤胜．陆军信息化武器装备作战效能评估理[M]．北京:海潮出版社,2010.

[7] 郭齐胜,郅志刚,杨瑞平,等．装备效能评估概论[M]．北京:国防工业出版社,2005.

[8] 胡晓惠,蓝国兴,申之明,等．武器装备效能分析方法[M]．北京:国防工业出版社,2008.

[9]《中国军事大百科全书》编写组中国军事大百科全书[M].2 版.北京:中国大百科全书出版社,2007.

[10] 李宗成．军事运筹学[M]．北京:解放军出版社,2010.